Let's Climb Mt.Rokko
Enjoy Walking!

おすすめ
25コース

六甲山を
歩こう！ 根岸 真理

CONTENTS

自然観察&歴史・文化の探索が楽しいスポット

Column●コラム

掲載ルート

有馬三山〜六甲ガーデンテラス
〜天狗岩南尾根
P64-67

アイスロード〜
シュラインロード
P46-49

六甲ケーブル〜摩耶山
P10-13

大師道〜森林植物園〜谷上
P54-57

神戸市

ハーブ園と布引周辺
P24-27

六甲全山縦走路
P110-121

高取山
P36-39

北野背山〜
城山・市章山・錨山
P20-23

文太郎道
P96-97

須磨の山
P40-43

須磨名水の森〜須磨アルプス
P86-89

白石谷〜最高峰直下
P102-103

蓬莱峡（座頭谷）〜船坂
P82-85

赤子谷
P106-107

白水山
P104-105

宝塚市

石切道〜紅葉谷
P50-53

東お多福山
P78-81

ロックガーデン〜
六甲最高峰〜有馬温泉
P68-71

北山公園と甲山
P30-33

芦屋市

芦屋地獄谷
P100-101

西宮市

ケーブル山上駅〜
ブナの道〜心経岩・雲ヶ岩
P90-93

会下山遺跡〜魚屋道〜
権現谷東尾根（薬大尾根）
P74-77

杣谷〜穂高湖〜シェール道〜炭ヶ谷
P60-63

まやビューライン虹の駅〜
摩耶山掬星台
P14-17

摩耶山・行者尾根
P98-99

　神戸と阪神間の街の背後に、緑の屏風を立てたように佇む六甲山。南北約10km、東西約30kmの細長い山塊で、西の須磨から東の宝塚まで、無数の峰々が連なっています。

　地中の深いところでマグマが冷え固まってできた花崗岩（かこう）が、長い年月をかけて地表に押し上げられ、約100万年前に始まった「六甲変動」と呼ばれる造山活動によって隆起しました。東西方向の強い圧縮を受けて、数多くの断層が生じ、積み木が抜け上がるように盛り上がった「衝上断層」（しょうじょう）の山なので、山頂部は比較的なだらかな「準平原」になっています。

　1995年1月17日に発生した兵庫県南部地震では、六甲山の標高が12cm高くなりました。あの未曾有の大災害も、六甲山からすれば、太古から続く六甲変動の一コマにすぎないのです。

　人との関わりから見ると、縄文時代頃まで照葉樹林に覆われていた六甲山は、時代とともに植生が変化していきました。人口増加に伴って、燃料などに使う木が大量に伐り出されるようになったことが大きな原因です。奈良～平安時代の頃には、すでに照葉樹林は失われて二次林（薪炭林）となり、戦国時代には、山を切り開いてあちこちに城が築かれ、森が戦火に焼かれることもありました。

　江戸時代に入る頃には、アカマツなど限られた樹種しか生えない状態になっており、江戸期の終わり頃には、一部を除いてほとんどがはげ山と化していました。明治時代に作られた絵葉書を見ると、六甲山はまるで雪山

のように山稜部が真っ白です。1881（明治14）年に生まれ故郷の高知から船で神戸へやってきた牧野富太郎（植物分類学者）は、「六甲山の禿山を見てびっくりした。はじめは雪が積もっているのかと思った」と記しています。

　植生が失われたために保水力も低下、山崩れや洪水などが頻発していたため、1902（明治35）年から植生回復への取り組みが進められました。

　緑化が始まって百年と少し。遠目には豊かな緑に覆われているように見える六甲山ですが、マツ枯れやナラ枯れ、外来種問題など、取り組まなければいけない問題がたくさんあります。

　古くから人々が関わることによって変化してきたこの山は、今も多くの人々がいろんなかたちで関わっています。山上には別荘地や観光施設があり、海外からも多くのお客さまが訪れます。山麓はどんどん開発されて、急な傾斜地にも住宅が建てられています。多くの人々が暮らす生活圏と隣接しているため、防災面からも適切な管理が欠かせませんが、近年頻発する豪雨の影響などで、ガケ崩れが発生することも増えました。大きくなりすぎた木を放置すると、場合によっては被害が拡大する原因となる可能性もあります。

　六甲山では、あちこちのエリアで、市民ボランティアが緑を守る活動に取り組んでいます。六甲山を歩くとき、ぜひそういったところにも目を止めてみてください。この山を歩く人が、この山が好きになり、いつか山を守りたいという思いにつながっていけばいいなぁと夢想しています。

|||| 本書のご利用にあたって ||||

本書は、六甲山でハイキングを楽しむための案内書です。

全5章で構成されており、1章「足慣らしハイキング」では、ビギナーや、子ども連れのファミリー、あまり体力に自信のない方にも歩きやすい、短めの易しいコースを紹介しています。

続く2章では、登山口からべつの地点へ歩き通す"縦走"というスタイルのコースを集めており、短いものから徐々に長いコースに挑戦できるようになっています。

3章は「六甲山らしさを味わうコース」と題し、六甲山ならではのいろいろな特徴を、歩きながら体感できるコース設定にしています。

4章は、ちょっぴり冒険要素のあるコースとして、一般登山道として整備されているわけではないところも組み込んでいます。登山地図に線が引かれていないコースもあり、現地では道標もほとんどないため、ある程度の読図力が必要な中・上級者向きのコースです。

最後の5章は、憧れの「六甲全山縦走」コースを西端から東端まで簡単に解説しています。分割できるポイントには、交通機関の案内も盛り込んでいます。何回かに分けて挑戦できますので、プランニングの参考にしてください。ただし、六甲ガーデンテラスから東側は、交通機関のあるところまでがけっこう遠いので、分割すると効率が悪くなります。そのあたりの事情も考えながら、プランニングしてみてください。

また、各章の後ろには、登山に関するコラムを掲載しています。自然観察や歴史探訪にスポットを当てたエリア紹介もありますので、単に歩くだけではない楽しみを発見していただければ幸いです。

注意 ・コースタイムは、標準的な歩行時間の目安で、休憩時間等は含んでいません。所要時間は、体力や経験によっても異なり、天候や路面状況、混雑度によっても変わるものです。初めてのコースは特に、充分な余裕を持ったプランを立ててください。

・掲載している地図は、概念図です。実際に現地へ出かけるときには、国土地理院発行の地形図や登山地図、コンパス（方位磁石）を携行してください。六甲山には、地図に記載されていない道が数限りなくあり、道標がまったくない道もあります。必ず地図と現在地を照合しながら歩いてください。スマートフォンなどのGPS機能と地図アプリは役立ちますが、バッテリー切れや故障の可能性も想定しておく必要があります。

・掲載している交通機関、道路・施設等のデータは、2024年3月現在のものです。変更されることがありますので、利用前に施設・機関等にご確認ください。

・コース解説に関する記述は、主に2019年～2020年5月にかけて取材したものです。それ以降に状況が変化している可能性がありますので、あらかじめご了承ください。

・登山、ハイキングなど、アウトドアのアクティビティには、不可抗力を含め、危険が伴うことがあります。遭難や事故にならないよう各自で充分注意して行動してください。

■コース案内図中の主な記号		■地図内の標高	
═══ 車道	━━ ロープウェー・ケーブル	神社	800m～
・・・・・ 登山道	● 池・湖・沼	寺院	600m～
━━ 歩行コース	川	トイレ	400m～
JR	滝	茶屋	200m～
┿┿┿ その他鉄道	△ ▲ 山頂	売店・商店・コンビニ	0m～

◀登山道の通行止め情報
問合せは、神戸市建設局 公園部 森林整備事務所 TEL078-371-5937

1章

足慣らしハイキング

人々が住む街からすぐの"ウラヤマ"でもあり、
山上部には交通機関でアクセスできる身近な山、六甲山。
山麓から山上まで、数えきれないほどの
ハイキング道がありますが、
六甲山デビューにもお勧め、
歩きやすく楽しいコースをご紹介しましょう。

1 足慣らしハイキング

ケーブル・ロープウェーを活用し山上エリアを楽しむ　｜ 所要時間 **2時間35分**

1 ▶ 六甲ケーブル～摩耶山

コースタイム　六甲ケーブル山上駅 `20分` 記念碑台 `40分` ダイヤモンドポイント `20分` 三国池 `40分` 杣谷峠 `35分` 掬星台

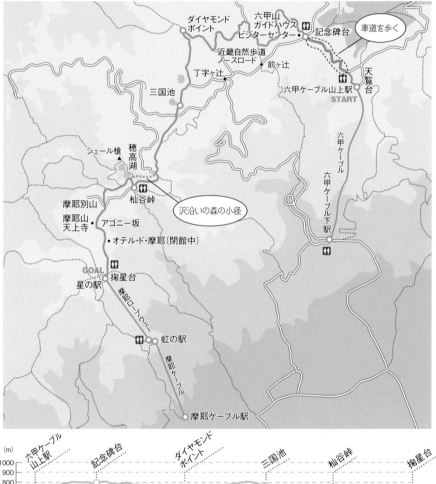

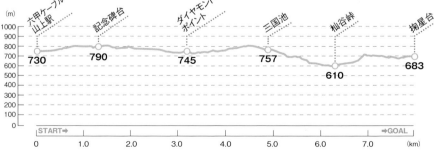

天覧台から眺める大阪湾

　六甲ケーブル、まやビューライン
を利用すれば、山麓からの急な登り
を省略して、山上エリアだけを気軽
に歩けるのが六甲山のいいところ。
山歩きデビューにぴったりのコース
を紹介しよう。

　六甲ケーブルは、標高250mの下
駅から、約1.7kmを10分で運んで
くれる。山上駅は標高約730mで、
隣接する「天覧台」は、神戸の市街
地と大阪湾が一望できる絶景スポッ
トだ。

記念碑台にあるグルーム氏の胸像

神戸市の花・アジサイ

高原のおもむき、穂高湖とシェール槍

　ここから、記念碑台へはバス道を歩くが、道沿いにはアジサイが多く、初夏から夏にかけては涼しげな「六甲ブルー」で彩られる。記念碑台交差点には六甲山ガイドハウス、一段上には六甲山ビジターセンター、六甲開山の祖であるグルーム像、屋根付きの休憩所もあるので、ぜひ立ち寄っていこう。

　駐車場北側の階段を下り、ノースロードへ。その名の通り、稜線の北側を行く自然道で、緑陰が心地よく、歩きやすい道だ。シュラインロードの舗装路に合流して北へ。5分ほどでノースロードは西へ分岐する。次に出合う車道を右へ進むと、ダイヤ

天覧台から、東方面を望む

モンドポイント。北側の眺望が素晴らしい。

　来た道のすぐ西側、ササ薮に覆われた尾根状の細道を南下すると、別荘街の道へ。右へ進み、三国岩・三国池付近を通って車道を渡る。階段の多い登山道を下って行くと、やがて自然の家のすぐ西へ出る。柚谷峠へは、車道沿いでも行けるが、川沿いの小径から穂高湖を経由するコースがお勧め。まるで高原リゾートのような穂高湖で一息ついて、摩耶山への急登アゴニー坂 ➡マメ知識 へ。

　登り切った先にあるのが摩耶山の名の由来となった摩耶山天上寺。イ

まやビューラインは、夏休み期間を除くと火曜日が定休日。掬星台と六甲ケーブルを結ぶ山上バスは運行されているが、冬季・平日は便数が少ないので、事前にダイヤを調べておこう。

Advice

空を近くに感じる

ンドから来た高僧・法道仙人が開いたと伝わる日本でも屈指の古刹で、お釈迦様の生母、摩耶夫人を祀る日本で唯一の寺だ。眺望がよいうえ、四季折々の花が楽しめる花の寺でも

ある。

天上寺からはオテル・ド・摩耶の前を通って掬星台まで約10分。夜景の名所としても名高く、眺望のよさでは六甲山でも屈指のスポットだ。まやビューライン星の駅には、カフェも併設されているので、ゆっくりと山上の眺めを楽しんでいこう。

マメ知識
アゴニー坂

「アゴニー坂」は、標高差約70mを一気に登る急な坂道。「顎」が「knee（膝）」につくほど急だからとか、英語の「agony」（苦痛）が由来だとか、諸説がある。初めてならぜひ話のネタに体験を。車道を経由すると距離は長いが、少しは楽。

Data

地形図●神戸首部、有馬
アクセス●
往路／阪神御影・JR六甲道・阪急六甲から神戸市バス16系統で六甲ケーブル下へ。
復路／掬星台からまやビューライン（摩耶ロープウェー・摩耶ケーブル）で摩耶ケーブル駅へ。
摩耶ケーブル駅から坂バスで阪急王子公園、JR灘駅、または神戸市バス18系統・102系統、観音寺バス停から神戸市バス2系統など。

摩耶山天上寺の本堂

ケーブルに乗って摩耶山へ行こう

所要時間
1時間30分

2 まやビューライン虹の駅〜摩耶山掬星台

コースタイム 虹の駅 **40分** 史跡公園 **25分** 摩耶山頂（三角点） **5分** 摩耶自然観察園 **10分** 摩耶山天上寺 **10分** 掬星台

巨樹「摩耶の大杉さん」

摩耶山頂に祀られている
天狗岩大神

長い石段が続く

旧・摩耶観光ホテル

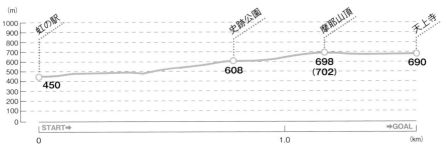

約5分で標高450mへ運んでくれる
摩耶ケーブル

摩耶山掬星台からは神戸・阪神間・
大阪湾が一望

「まやビューライン」を活用して手軽に登れる摩耶山。ケーブルとロープウェーを乗り継げば山上の掬星台まで行くことができるが、ここではケーブルだけ使って、中間駅から上半分を歩いて登るプランを紹介しよう。

標高約140mの摩耶ケーブル駅から、標高約450mの「虹の駅」まで、ケーブルを利用すると5分で登れる。歩いて登ると約50分なので、健脚な方はぜひ徒歩で。

ケーブル虹の駅は、駅舎の東側からロープウェーの架線と山上が見渡せる。このすぐ脇には、「廃墟の女王」と言われている**旧・摩耶観光ホテル** ➡ マメ知識 がある。

駅の西側にも展望台があるので、山腹からの景色を眺めてから登り始めよう。ロープウェー駅左側の階段を登っていくと、ほどなく「摩耶花

マメ知識
旧・摩耶観光ホテル

廃墟の女王「マヤカン」（摩耶観光ホテル）は、1929年にケーブル運営会社が「摩耶倶楽部」という福利厚生施設として建設。後にホテルとして一般営業を始めたが、太平洋戦争のために営業休止に追い込まれ、空襲で大きく損傷。1961年に民間企業が買い取って高級ホテルとしてリニューアルオープンするが、台風被害によって6年後に閉鎖。1974年に「摩耶学生センター」という合宿所に転用するも、1993年に廃業。阪神・淡路大震災では、倒壊は免れたものの建物が損傷し、以後立ち入り禁止に。現在は間近で建物を見学できる公式ツアーが開催されている。映画『デスノート』などのロケ地としても使われた。

1976年に火災で全焼した旧天上寺跡

「廃墟の女王」と呼ばれている優美な建物

奥摩耶山頂近く、法道仙人開創の地に再建された天上寺

西側に展望が開けており、彼岸には「通天門」に日が沈む

スポット情報

摩耶山天上寺

646（大化2）年、孝徳天皇の勅願により、インドから渡来した法道仙人によって開創されたと伝わる日本でも屈指の古刹。のちに弘法大師が唐の国より持ち帰った摩耶夫人像を奉安したことから、山号を「仏母摩耶山」、摩耶夫人が昇天された忉利天（とうりてん）にちなんで「忉利天上寺」に改めた。摩耶山の山名はこの寺に由来している。

えている。

山麓から登ってくる「上野道」と合流し、展望が開けた小ピークを越えると、巨木が点在するかつての寺領へと入っていく。左手から青谷道が合流すると、ほどなく旧天上寺山門。老朽化した山門を修復することができず、残念な姿になっている。ここから旧天上寺史跡公園へ、長い石段が始まる。

ひとしきり登った小さな踊り場から左手へ進むと「摩耶の大杉さん」へ。幹回り8mもある巨木で、かつては「大杉大明神」と崇められてい

壇」跡へ。かつて宿泊施設だったところで、旧天上寺の参道に沿って、たくさんの店が並んでいたことを伝

（左）深い森の中を登る（中）生田川の源流にある「産湯の井」、
（右）樹齢千年とも言われ、枯死してもなお存在感がある「摩耶の大杉さん」

女性の信仰が篤い摩耶夫人を祀る摩耶夫人堂

摩耶山頂付近にある三等三角点

磐座でもある巨石「天狗岩」を祀る

た。1976年に旧天上寺が焼けた際の影響で樹勢が衰え、枯れてしまったが、今でも存在感のある立ち姿が見られる。

さらに傾斜を増す石段を登ると、旧天上寺跡史跡公園で、摩耶山頂を借景に、かつて伽藍が立ち並んでいた場所。本堂跡脇を通り抜けると、T字型に道が左右に分かれる。右へ進めば掬星台への近道だが、時間に余裕があれば山頂へ続く左の道へ。祠が点在する森の中の小道を登っていくと、奥之院跡を経て摩耶山頂へ出る。天狗岩と呼ばれる巨石や、摩耶山の三角点などがある。北側へ下ると、全山縦走路に合流。その北側一帯が「摩耶自然観察園」で、お釈迦様生誕のときに摩耶の龍神が湧水を運んで甘露の雨を降らせたという伝説が残る「産湯の井」や、あじさい池などを巡って、天上寺へ。日本で唯一、釈迦の生母である摩耶夫人をお祀りする寺で、女人高野とも呼ばれ、古来女性の信仰が篤い。四季折々の花が楽しめる花の寺でもあり、淡路島から播磨灘を一望する眺望も素晴らしい。

Advice

まやビューラインは、季節によって運行時間が異なる。夏休み期間中の全日と春秋の金・土・日・祝は20：50（ロープウェー）まで運行。それ以外の平日（月・水・木）は17：30、冬季の金・土・日・祝は19：50が最終。火曜日は運休なので注意が必要。

Data

地 形 図 ●神戸首部
アクセス●各線三宮・JR六甲道・阪急六甲から神戸市バス18系統、またはJR灘・阪急王子公園から坂バスで摩耶ケーブル下へ。観音寺バス停からは本数の多い神戸市バス2系統が利用できる。

自然観察&歴史・文化の探索が楽しいスポット

摩耶別山

マザーツリー（ヤマボウシ）

⑤ 天上寺

● シャラの木

山門

マザーツリー
大杉

オテル・ド・摩耶
（閉館中）

● 風の丘

● ミツマタ

あじさい池 **④**

自然観察園 **③**

摩耶紅梅

① 掬星台

星の駅

摩耶ロープウェー

摩耶山

②

天狗岩 ● 三角点

アジサイが美しい
山上の自然公園を散策
摩耶山周辺

　標高約700mの摩耶山上は夏でも冷涼で、アジサイが美しいことで知られる。あじさい池では、モリアオガエルが産卵し、夏にはホタルが舞い飛ぶ。天上寺では、秋になると"海を渡る蝶"アサギマダラに出会える。

① 掬星台

　「手で星を掬うような夜景の美しさ」ということから名付けられた日本有数の夜景の名所。なお、摩耶山からは摂津、播磨、淡路、河内、和泉、紀伊などが見えることから「八州嶺」の別名もある。

摩耶紅梅

豊後系の八重咲品種の梅で、例年「摩耶詣祭」の頃に咲く。品種名は豊臣秀吉が名付けたとの説もある

② 摩耶山頂

　摩耶山の標高は702mだが、山頂付近にある三角点の標高は698.6m。どのあたりが最高点か探索してみよう。

三角点

三等三角点で、点名は「摩耶山」。四角柱の南側の面に彫られている「三角点」の文字は日ごろ見慣れないレトロな旧字体

天狗岩

天狗岩大神と石丸猿田彦大神が祀られている。六甲山に多く点在する磐座のひとつで、天狗を閉じ込めたという伝説も

③ 自然観察園

桜谷の源流部に広がる自然公園で、かつて「奥摩耶遊園地」があった。アジサイをはじめ、四季折々の花が手軽に楽しめる。

産湯の井

生田川の源流でもある。近在の人々は赤ちゃんが生まれる時、この水を汲みに来て産湯に混ぜて無事に成長することを祈ったと伝わる

シチダンカ

ヒカゲツツジ

「幻のアジサイ」と呼ばれるシチダンカと、一般的なガクアジサイが並んで生えている。ガクの形や咲き方を見比べてみよう

ツツジの仲間では珍しい淡いクリーム色の花を咲かせる。付近には自生しているコバノミツバツツジも多い

④ あじさい池

遊園地時代はスケート場だった。池の周囲にアジサイがたくさん植えられ、初夏から夏にかけて、六甲ブルーに染まる。

モリアオガエルの卵塊

水面に向かって張り出した木の枝に産み付けられたモリアオガエルの卵。ふ化するとそのまま池に落ちる

コウホネ

ミツマタ

スイレン科コウホネ属の水生植物で、夏に水中から花茎を立ち上げ、黄色の可愛らしい花を咲かせる

ジンチョウゲ科の落葉低木で、枝は三つに分枝する。早春に咲く黄色い花が可憐。樹皮は和紙の原料で紙幣にも使われる

⑤ 天上寺

大化2（646）年、インドの高僧法道仙人によって開かれたという屈指の古刹。後年弘法大師が唐の国から持ち帰った仏母摩耶夫人像を安置。昭和51（1976）年、火災で全焼し、旧天上寺跡史跡公園から現在地へ移転。

山門下 大杉

天上寺の山門横にあるスギの巨木。2006年に六甲山国立公園編入50周年記念として選定された「六甲山のマザーツリー」の一本

アサギマダラ

「海を渡る蝶」として知られ、時として2000kmもの旅をする。天上寺には10月頃に大群が訪れ、見事な乱舞を見せる

フジバカマ

沙羅の花

キク科ヒヨドリバナ属の多年草で、アサギマダラが吸蜜に集まる。園芸種だが、六甲山に自生するヒヨドリバナにも飛来

シャラノキ（娑羅樹）とも呼ばれるナツツバキの仲間。ツバキによく似た白い花は一日花で、雨の中散り敷く姿も風情あり

街からすぐの"ウラヤマ"ハイキング1

所要時間
2時間15分

③ 北野背山〜城山・市章山・錨山

コース
タイム

新神戸駅 45分 城山 15分 二本松分岐 25分 市章山 5分 錨山 30分
ビーナスブリッジ 15分 諏訪山公園

新神戸駅北側の急斜面から
は街並みが眼下に見下ろせる

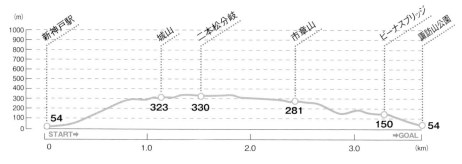

神戸市章の電飾の上は、街並みと港が一望できる絶景スポット

六甲山は海から近く、山麓は市街地なので、どこからでも登ることができる身近な山だ。山中には網目のように登山道が通り、すべての登山道を把握することなど、とてもできそうにないように思える。登山口も数えきれないほどあるが、新神戸駅

新神戸駅から新幹線の高架をくぐって歩き始める

北野道の分岐を過ぎるとすぐに城山への登山口

登り始めからかなりの急傾斜

は主要な登山口のひとつ。山岳国日本でも、新幹線駅直結の登山口というのは珍しいのではないだろうか。

その新神戸駅を起点に、街のすぐ裏手にある身近な山をつないだコースを紹介しよう。

城山の山頂に「瀧山城址」の石碑が佇む

駅舎1階を東側へ出て、新幹線の高架下から山側へ。急傾斜のコンクリート壁にハイキングマップが設置されている。ここを起点にいろいろなコースがあるが、坂道からすぐに分岐するのが「北野道」。山と市街地の境界線を辿る1.1kmの遊歩道で、北野の異人館へと続いている。次に分岐するのが本コース、城山への登山道。住宅の脇から一気に急斜

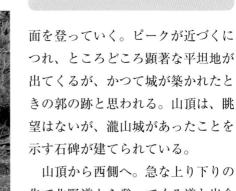

スポット情報

瀧山城址

標高323m、山麓からの比高は約250mで、築城年は不明。石垣や建物の痕跡は失われているが、郭跡や堀切、土塁などが現存する。赤松氏が拠点にしていた時代と、戦国時代に記録が残っている。再度山の「多々部城」、摩耶山の「摩耶山城」、すぐ西側の「花隈城」などとともに戦乱の舞台となっていたようである。

瀧山城の縄張を解説している看板

面を登っていく。ピークが近づくにつれ、ところどころ顕著な平坦地が出てくるが、かつて城が築かれたときの郭の跡と思われる。山頂は、眺望はないが、瀧山城があったことを示す石碑が建てられている。

山頂から西側へ。急な上り下りの先で北野道から登ってくる道と出合い、続いて二本松林道方面へ下る道

海と山、そして街が近い背山ならではの眺望。夜景も美しい

と分かれ、左の堂徳山方面へと登っていく。「行き止まり」の標識を右へ下り、ドライブウェイを横切って反対側の尾根道へ。車道と並行するように南下し、カーブ手前で再び車道を渡る。左手の階段を登ったところが市章山のピークで、電飾のすぐ上から市街地と海が一望できる。同じく電飾がある錨山もすぐ隣で、街から眺めるとわりと離れているように見えるが、歩くと意外と近い。錨山からは、「太子の森」を経て山本通へ下る道もあるが、ビーナスブリッジを経て諏訪山公園へ下る方が眺めもいいのでお勧めだ。

Advice

新神戸から布引の滝を経て、布引貯水池へ続くハイキング道の途中から登ることもできる。山麓を通る「北野道」も散策にはお勧めで、半時間ほどで北野異人館街へ抜けられるので、時間があまりないときなどに探索気分で歩いてみるのもよい。北野からはアプローチがわかりにくいので、初めてなら新神戸側から入るほうがいい。

Data

地形図 ●神戸首部
アクセス●各線三宮から地下鉄新神戸駅へ。またはJR六甲道・阪急六甲から神戸市バス2・18系統。※2系統は「布引」バス停下車。

所要時間
1時間50分

◢**4**◣ ハーブ園と布引周辺

コースタイム 新神戸駅 `15分` 布引の滝 `25分` 貯水池 `20分` 市ヶ原 `15分` 稲妻坂分岐 `25分` ハーブ園分岐 `10分` ハーブ園

ハーブ園名物・ラベンダーのソフトクリーム

古城を思わせる風格ある布引ダムの堤体

レンガ造りの砂子橋

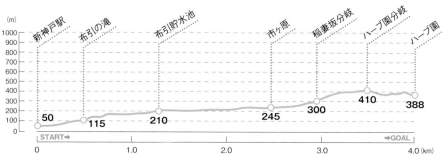

落差43m、白い布を垂らしたように見えることから「布引の滝」の名が付いたとか

五本松堰堤の東側にある「五本松の隠れ滝」は水量が多いときにしか見ることができない

　新神戸駅を起点として、気軽に歩けるウラヤマコースをもうひとつ。駅舎1階東側から高架下をくぐる登山道へ。まずは布引の滝を目指す。神戸市の市章があしらわれた砂子橋（いさご）を渡ると、川の上流方向へ向かう道が2本あり、左の緩やかな道は、雌滝前を経由して雄滝へ。右側の階段道は直接雄滝へと登る道。初めてならぜひ雌滝経由で。どちらの道を選んでも、"仕事量"は変わらない。

　「布引の滝」というのは、雌滝・鼓滝・夫婦滝・雄滝の4つの総称で、那智の滝、華厳の滝と並ぶ日本三大神滝のひとつ。平安時代から名勝として知られ、都から訪れた貴族たちが詠んだ和歌の句碑が道沿いに点在している。最大の雄滝は、下から眺めても迫力があるが、滝とほぼ同じ高さにあるおんたき茶屋からの眺めも素晴らしい。時間があれば一服していくといいだろう。

　茶屋を過ぎて少し登ると、標高約150mの見晴らし展望台へ。街並みが目の前に広がり、海もよく見える。ここから川沿いに布引貯水池を目指す。しばらくは緑陰の歩きやすい道だ。

　布引ダムは、正式には「五本松堰堤」といい、1900（明治33）年に竣

布引ダム（五本松堰堤）の上は美しい水を豊かに湛えたダム湖

土砂流入防止のための分水・放水機能を持たせた「布引水源地水道施設」のひとつ「締切堰堤」。深い緑色に澄んだ水が布引水系の特徴

斜面を歩いて下りながら花やハーブが鑑賞できる

工した日本初の重力式コンクリート造のダムである。歴史を感じさせる格調高いデザインで、国指定の重要文化財となっている。

ダムの上は広大なダム湖となっていて、野鳥が多く飛来する場所としても知られている。左岸に沿ってさらに上流へ。すき焼きで有名な紅葉茶屋前を通り、市ヶ原から六甲全山縦走路に合流する。

全山縦走路の中でも、最もきつい

スポット情報

神戸布引ハーブ園

標高約400mの山頂部から南側の斜面に展開する日本最大級のハーブガーデン。全12のテーマガーデンがあり、約200種75,000株のハーブや花が咲き競う中、ハーブ料理が味わえるレストランやカフェ、足湯なども設けられている。ハーブや香りについて学べるコーナーや、ハーブが買えるショップもあり、散策路に沿った木陰にはハンモックが置かれていて、心地よい緑の中でゆったりとした時間が過ごせる。

カフェや展望台、足湯もあるグラスハウス

ハーブ園展望プラザからの眺め

季節の花が美しく、フォトジェニックな園内

Advice

神戸布引ハーブ園からは、歩いて下りることもできるが、初めてであればぜひロープウェイに乗ってみよう。全面ガラス張りのスタイリッシュなゴンドラからは神戸の街並みや海が見渡せる。上空から布引ダムの全貌、そして布引の滝を見下ろすことができる点も素晴らしい。約10分間の空中散歩は、意外なほどの大パノラマを見せてくれる。

ロープウェイから見下ろす布引の滝

優美な品種が多いバラ園

なる。しばらく進むと、神戸布引ハーブ園方面を示す道標がある。ここから南東方向へ延びる支尾根に入り、ハーブ園の最上部へ。園内でハーブや季節の花々と眺望を楽しんだあとは、絶景のロープウェイで新神戸へ空中移動。夜景もきれいなので、カフェや足湯などもある園内でゆっくりと過ごして、夜景を楽しんでから下山するのも魅力的なプラン。

と言われているのが市ヶ原から摩耶山までの登りパートだが、このコースではその1/5程度を登る。かなり急坂ではあるが、"全山縦走のお試し"のつもりでがんばってみよう。分岐から標高差約100mほどが急登で、小ピークを越えるとなだらかに

Data

地 形 図 ●神戸首部
アクセス●各線三宮から地下鉄新神戸駅へ。またはJR六甲道・阪急六甲から神戸市バス2・18系統。※2系統は「布引」バス停下車。

27

日陰の渓谷と日当たりの道との植生の違いに注目

布引周辺

シダ類

⑧ 布引貯水池

風の丘中間駅

日陰の道　陽樹ゾーン

五本松堰堤

雄滝　⑤

⑦ 展望台上の車道

⑥ みはらし展望台

卍 徳光院

導水管が通る　④

ノキシノブ
マメヅタ
ヒトツバ

③

雌滝

アラカシの
暗い森

② 砂子橋

神戸布引ロープウェイ

① 新神戸駅

ハーブ園山麓駅

　新神戸駅を起点に、布引の滝、貯水池を巡る谷沿いのハイキングコースと、その上部に平行して通る日当たりのいい車道。見比べてみると、まったく環境の異なる植生の違いが観察できて面白い。

① 新神戸駅

　新神戸駅付近には布引断層が走っており、駅舎の山側は断層が形成した急崖になっている。

句碑

道に沿って布引の滝を詠んだ和歌の句碑が点在する

② 砂子橋 （いさご）

　明治33年に建設されたアーチ型のレトロな水道橋。上部の歩道はオマケの機能で、その下を通る導水管がメインの施設。

アラカシの暗い森

常緑樹のアラカシなどが多く、一年中木陰ができて薄暗い森。湿度が高く、あまり日が当たらない環境を好む植物が見られる

③ 雌滝

　「布引の滝」は4つの滝の総称で、一番下が雌滝。滝の右側に石造の取水口があり、ここから砂子橋へ送水している。

④ 導水管が通る

この付近のフェンス沿いでは、ツメレンゲ、イワヒバ、マツバランなどが観察できる。ウラジロウツギ、トキワツユクサ、ヒメウズも。

ツメレンゲ

カラスの爪のような形の葉が集まり、仏の「蓮華座」のように見える。岩場に生える多肉植物

イワヒバ

川沿いなどの空中湿度の高い環境に適応したシダ植物で、見た目がヒバと似ている

⑤ 雄滝

高さ43m、5段の滝で、それぞれに深い甌穴を持つ。日本三大神滝の一つで、平安の昔から屈指の名勝として知られる。

雄滝

滝周辺はマメヅタ、ノキシノブ、ヒトツバなどシダの仲間が多い。

ノキシノブ

和歌にも多く詠まれる風情あるシダの仲間で、胞子葉の裏には胞子嚢が並んでいる

⑥ みはらし展望台

港を一望する展望台。毎日登山の拠点でもあり、ラジオ体操の台がある。

⑦ 展望台上の車道

展望台東側の階段から車道へ。道沿いでは、ニセアカシア、アカメガシワ、カワラマツバ、ツルウメモドキなどの日当たりを好む植物が多く観察できる。沢沿いの植生との違いを確かめよう。

アカメガシワ

代表的な「陽樹」で、林縁のいたるところで芽吹いている。古くから食べ物を盛るのに使われ、潰瘍などの薬としても用いられてきた

シマカンギク

西日本に自生するキクの仲間で、海沿いに多い。この付近では秋になると道沿いのフェンスごしに花を咲かせる

⑧ 布引貯水池

水鳥など、野鳥の観察に適したスポット。とくに冬場はオシドリが飛来する場所としても知られ、バードウォッチングの名所となっている。

東六甲エリアの明るい丘陵地を歩く

5 ▶ 北山公園と甲山

**コース
タイム**　仁川駅 30分 地すべり資料館 30分 甲山自然の家 20分 甲山 10分
神呪寺 45分 北山公園（北山池） 15分 銀水橋 20分 苦楽園口駅

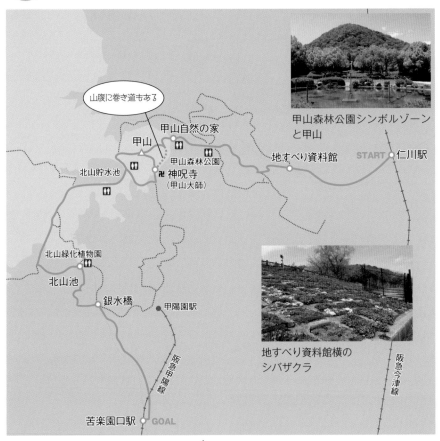

山腹に巻き道もある

甲山自然の家

甲山

甲山森林公園

北山貯水池

神呪寺
（甲山大師）

北山緑化植物園

北山池

銀水橋

甲陽園駅

地すべり資料館

START 仁川駅

甲山森林公園シンボルゾーン
と甲山

阪急甲陽線

苦楽園口駅 GOAL

阪急今津線

地すべり資料館横の
シバザクラ

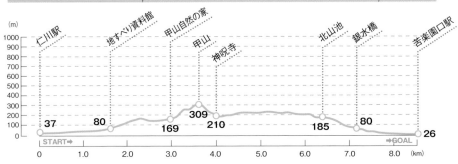

(m)
1000
900
800
700
600
500
400
300
200
100
0

仁川駅　地すべり資料館　甲山自然の家　甲山　神呪寺　北山池　銀水橋　苦楽園口駅

37　　80　　　　169　309　210　　　　185　80　　　26

START➡　　　　　　　　　　　　　　　　　　➡GOAL

0　　1.0　　2.0　　3.0　　4.0　　5.0　　6.0　　7.0　　8.0　(km)

阪急仁川駅北西・弁天池からの甲山丘陵

遠くから見ても特徴的な形でよく目立つ甲山は、六甲山地東側の標高200m前後の丘陵地にある。「神功皇后が甲冑を埋めた」という伝説があるが、埋めたというよりは巨大な甲そのものに見える。

マメ知識
甲山と大阪湾・六甲山の関係

六甲山地の隆起より200万年ほど前、火山活動によって形成された山が、甲山の祖先。花崗岩のすき間からマグマが流れ出し、冷えて安山岩が形成された。その後、今の大阪湾のあたりが沈降し始め、「大阪湖」ができ、北西側では、隆起が起きて、六甲山地が形成された。「大阪湖」はさらに深くなり、海とつながって「大阪湾」となった。甲山は、元はもっとすそ野の広いなだらかで大きな山だったのが、浸食を受けて、火道に近い固い部分だけが残って今のような形になった。海底に沈んでいた時期を経て、海底だったときの層をまとったまま隆起したため、裾野付近には海辺によくある、丸く削られた小石がたくさん埋まっている層が観察できる。

海底が隆起した証拠となる小石

周辺はなだらかに起伏する高台で、甲山公園や北山貯水池、北山公園など、風光明媚なスポットを巡るハイキングが楽しめる。公園をつないで歩くコースなので、トイレや水道も随所にある。比較的気軽に歩けるので、ビギナーや小さい子ども連れの方にも安心だ。

甲山森林公園東側の展望台は絶景スポット

仁川駅から仁川に沿って上流へ。山との境目あたりが、阪神・淡路大震災のとき大規模な地滑りが起きた百合野地区。被害の記録や地すべりのメカニズム、対策工事などについて解説する「地すべり資料館」がある。近年頻発している土砂災害に関する展示や解説もあるので、ぜひ見学していこう。

地すべり資料館上部の広場も眺めがいい

甲山森林公園「シンボルゾーン」。霧状の噴水は子どもたちに大人気

　資料館に隣接する斜面には、鎮魂のために地元ボランティアが手入れをしているシバザクラが植えられていて、春には見事な花を咲かせる。

　この斜面の上部から甲山森林公園へ入っていく。園内には多くの道があるが、園内図や道標も整備されているので、ゆっくりと散策を楽しもう。シンボルゾーン北側から甲山自然の家前を通って甲山へ。山頂へは20分ほどの登りだが、階段が連続する急な道。途中から山腹を巻いて、神呪寺へ抜ける道もある。

石の彫刻作品が遊歩道の左右に並ぶ

園内の森にはヤマザクラも多い

　標高309mの山頂は、運動場かと思うほど広く、近くで育った人なら、遠足で来て走り回った思い出があるだろう。北山貯水池側へ下る道と、神呪寺へ下る道がある。お寺に立ち寄りたいなら南側へ、ショートカットするなら西側へ。

　北山貯水池の畔からは東六甲の山

整備された遊歩道がたくさんあり、見どころも多い園内

甲山の南側に立つ神呪寺

スポット情報

神呪寺

　甲山の南麓にある神呪寺は、真言宗御室派のお寺で、平安時代の初期に淳和天皇の妃、如意尼が弘法大師を招いて創建したと伝わる。「甲山大師」と親しまれており、ご本尊の如意輪観音はどんな無理なお願いも「融通」して聞いてくださるとの信仰から「融通観音」とも呼ばれている。境内からは大阪北部が一望でき、生駒山、二上山、葛城山、金剛山などが見渡せる。

参拝者が絶えない境内

並みが一望でき、広々とした景色が楽しめる。貯水池西側から北山公園へ入っていく。こちらの園内にもたくさんの道があり、緑化植物園を通るコース、ボルダー群を通るコースなどが選べる。三段になっている北山池のほとりを下って、銀水橋から

北山公園のボルダー（大岩）

夙川緑道へ。桜の頃なら、花見をしながら夙川まで歩いてもいい。

Advice

　北山公園内にある「北山緑化植物園」は、西宮市が管理する公共の施設だが、20人以上で利用する場合は事前申請が必要とのこと。ハイキング途中で通過するだけでも、「20人以上は事前申請がないとダメ」と言われるので注意が必要だ。東寄りのボルダーが点在するエリアから北山池へ下れば緑化植物園を通らずに下ることができる。

北山貯水池から東六甲の山々が見渡せる

Data

地 形 図 ●西宮・宝塚
アクセス●往路／阪急今津線仁川駅から徒歩。
復路／阪急甲陽線苦楽園口駅。

自然観察＆歴史・文化の探索が楽しいスポット

川や湿原など水辺の植物や生き物たちと出会えるエリア
甲山周辺

仁川市民緑地

④ 甲山湿原　② 仁川広河原　① 五ヶ山遺跡

キャンプ場

なかよし池

③ 西宮市立甲山自然の家

甲山自然観察池 ⑤

甲山

仁川

甲山森林公園

北山貯水池

神呪寺

至仁川駅

川べりや池のほとり、湿原など、水辺の観察ができるエリア。高台には古墳群がある。仁川広河原では、ビオトープが整備されており、川遊びも楽しめる。甲山湿原からは、仁川沿いの遊歩道で北山貯水池へつながる。

① 五ヶ山遺跡

標高約120～150m前後の高台に、弥生時代中～後期の集落跡、古墳時代後期の群集墳が点在。一部が公園として保存されている。

② 仁川広河原・なかよし池

カワムツ、ヨシノボリ、サワガニ、トンボやホタルの幼虫などの水生生物、昆虫類、野鳥なども観察できる。

仁川

六甲最高峰の少し東にある石の宝殿付近を源流とし、甲山の北側を通って、武庫川に注ぐ全長9.3kmの川。仁川駅付近は河辺に遊歩道が整備されている

③ 西宮市立甲山自然の家

仁川や甲山湿原などの豊かな自然に囲まれた施設で、キャンプ場も併設。隣接する甲山自然学習館では、甲山の成り立ちや、周辺で見られる植物、生物に関する解説展示を行っている。自然学習館は入館無料。

④ 甲山湿原

甲山山麓付近に、大小合わせて5カ所の湿原がある。不透水層の上に形成されたもので、南阪神地区では最大規模。西宮市の天然記念物、生物保護区に指定されており、一部を観察用に開放している。

【甲山湿原に分布する植物・生きもの】

★は、立ち入りができる「湿原観察園」で見られる種

カキラン

花期：6～7月頃
ラン科の湿地性多年草。花の色が柿の実の色に似ていることから名がついた。絶滅が危惧されている

ノハナショウブ★

花期：5月下旬～7月頃
古くから観賞用に栽培されてきたハナショウブの原種。外花被片の基部は黄色で、網目模様はない

サギソウ★

花期：8月頃
ラン科の湿地性多年草。花の形が、シラサギが羽を広げた姿に似ているためこの名がついた。絶滅が危惧されている

ウメバチソウ★

花期：9～10月頃
ニシキギ科の湿地性多年草。「梅花草」の別名があり、梅の花に似た5弁の白い可憐な花を咲かせる

サワヒヨドリ★

花期：9～10月月頃
ヒヨドリバナの仲間で、花にはアサギマダラが訪れる。日当たりのいい湿原や田んぼの畔などにも生える

ミミカキグサ

花期：8～10月頃
黄色の花を咲かせるタヌキモ科の食虫植物。近縁種のホザキノミミカキグサ、ムラサキミミカキグサもある

モウセンゴケ

花期：6～8月頃
腺毛がある食虫植物で、淡いピンク色の花を咲かせるトウカイコモウセンゴケ、花が白いモウセンゴケがある

ハッチョウトンボ

日本に生息するトンボの中で最小で、一円玉よりも小さい。オスは、ふ化直後は橙褐色だが、成熟すると鮮やかな紅色に。メスは茶褐色で、腹部に黄色や黒色の横縞がある。主に湿地や休耕田などに生息

モリアオガエルの卵塊

モリアオガエルが生息する小さな池があり、5月末から6月頃にかけて、泡状の卵塊が見られる

シダの芽吹き

⑤ 甲山自然観察池

湿原植物や生物を紹介する解説パネルが設置されている。

甲山自然観察池

北山貯水池

1968（昭和43）年に西宮市の水がめとして造られた人造湖。盤滝口にある湯ノ口取水口から仁川の水を引き、元々あった観音川と合わせて水源とした。古くは、1641（寛永18）年の旱魃の際、社家郷山から南側の地域（広田、越水、中村、西宮郷）へ水を引こうとして、仁川の下流の村々と水争いが起きたという歴史がある

"六甲山登山文化の華" 茶屋が点在する絶景の山

所要時間
2時間

6 ▶ 高取山

コース
タイム
地下鉄妙法寺駅 25分 妙法寺 50分 荒熊神社 10分 高取山頂 10分
縦走路分岐 25分 鷹取団地前バス停

高取神社上からの絶景

鷹取団地前バス停からの
登山口

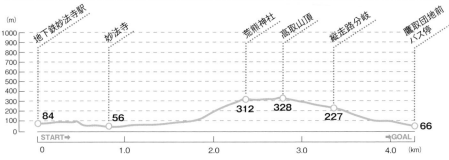

海が見渡せる高取神社奥の宮・金高神社からの眺め

三宮、元町あたりから西側を見ると、すっきりきれいな形で屹立しているランドマーク的な山が高取山。古名は「神撫山」で、神が降臨・鎮座する山として敬われてきた。ピラミダルな形をした独立峰だが、標高は300m少々。比較的短時間で登れ、茶屋もたくさんあることから、曜日にかかわらず、多くの人が訪れる。猫がたくさん住み着いている山でもある。山上の茶屋でお茶（人によってはビールやお酒）とおしゃべりを楽しむために登る人も少なくない。

たくさんの猫が暮らしていて、ニワトリとも共存している

手ぶらで登ってくるご近所さんの姿もよく見かける、街の延長のような山である。

登山道はたくさんあるが、ここではハイカーに人気の北西側から登って、南側へ下るコースを紹介しよう。

地下鉄妙法寺駅東側のバス道を渡って、市営横尾住宅16号棟裏側の道を進むと、六甲全山縦走路に出合う。ここから山頂へは全縦の看板を

２つある山頂のうち、北側は荒熊神社の上部

高取神社の奥宮が南側の山頂

神戸の都心部も一望

園方面へ登るが、曲がり角の道標は小さいので見落とさないように。

　坂を登り切った公園の手前を右へ進むと登山口で、ここからようやく高取山の登りになる。つづら折りの急坂が続くが、ひと登りすると眺望ポイントがあって、妙法寺の住宅街と須磨の山が一望できる。

　高取山はピークが2カ所あり、まずは須磨区側の山頂へ着く。電波塔のある山頂直下に荒熊神社が鎮座しており、社殿左手から西側の眺望が素晴らしい。

　丹塗りの鳥居が並ぶ参道を東へ進むと、長田区へ入り、もう一つのピー

眺望スポットがたくさんある

見ながら進む。阪神高速31号神戸山手線の1車線を階段で越え、もう1車線と地下鉄線路の下をくぐって、東側へ抜けると、「妙法寺」の前へ。バス道を渡って直進し、右側に巨木があるカーブで右折、狭い住宅街の道へ入っていく。左折して野路山公

古くから神宿る山として敬われてきた

月見茶屋には投輪部の投輪場が併設されている

山頂に一番近い月見茶屋

月見茶屋は2023年秋に一旦閉店したが、地元の登山会により再開した

いつも常連客で賑わう安井茶屋

優しい味わいに癒される中の茶屋のうどん

クと高取神社がある。こちらは三宮・元町方面の街並みと、大阪湾が一望できる。

　下り道には、高取山の特徴である茶屋が点在。気になる茶屋があれば、ぜひ一服していこう。

Data

地 形 図 ●神戸首部・須磨
アクセス●地下鉄妙法寺駅から徒歩。

Advice

　現在営業している茶屋は4軒。曜日や季節、天候にもよるが、お昼くらいに閉まってしまう店が多いので、茶屋での一服を目的に含めるのなら、午前中に着くようにプランニングしよう。

　南側へ降りるとバス道で、神戸駅、板宿駅を結ぶ神戸市バス11系統が本数多く走っている。板宿・西代・長田神社まで歩いて下ってもプラス30分程度。

海から立ち上がる風光明媚なエリア

所要時間
1時間55分

7 ▶ 須磨の山

コースタイム 塩屋駅 45分 ふんすいランド 10分 旗振茶屋 20分
鉄拐山 40分 須磨寺

毎日登山の拠点ともなっている旗振茶屋

山を背景に佇む須磨寺

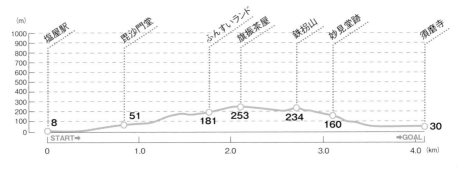

塩屋駅前の毘沙門天石標

山上からは明石海峡、淡路島、播磨灘までが一望できる

　明石海峡の近くから立ち上がり、宝塚にかけて、東西約30kmの細長い山塊である六甲山の一番西端が須磨の山々。最も高い横尾山で標高は300mほどだが、その東側には「馬の背」と呼ばれる荒々しい露岩帯があり、"須磨アルプス"の名で知られている。ここでは、"足慣らし"としてビギナーが気軽に歩ける西側パートだけを歩く短めのコースをご紹介。もちろん、体力に余裕のある方はぜひ馬の背にもチャレンジしていただきたい（P86参照）。

　塩屋駅の山側に小さな商店が立ち並び、レトロな雰囲気が漂う商店街がある。小さなお店を眺めながら通

Advice

　塩屋駅から、しばらく住宅街を歩く道が、ややわかりにくい。全山縦走路の住宅街パートは、ほかのエリアもそうなのだが、電柱や壁面などに小さな案内看板が絶妙な位置に取り付けられている。巧みに導いてもらえるので、探してみよう。全縦大会のコースとなっている須磨浦公園駅からも登ることができ、そこからならロープウェイを利用することもできる。

り抜け、ところどころに立つ「毘沙門天」の石標と、「全山縦走路」の標識に導かれて住宅街の道を進む。山王神社、毘沙門堂を過ぎると山道になる。しばらく急な階段道が続くが、尾根に出ると数回のアップダウ

要所にある毘沙門天の道標

須磨浦山上遊園からは淡路島が見える

41

旗振茶屋前は旧・摂津と播磨の国境

近年景観伐採で眺望がよくなった鉄拐山の山頂

須磨浦山上遊園西側の梅林

早春から梅が咲き、景色と共に楽しめる

ンを経て山上遊園の一画へ。かつて「ドレミファ噴水パレス」があった場所で、この少し上からは明石海峡がよく見える。また、西側一帯は梅林になっていて、早春の頃には海をバックに見事な花を咲かせる。遊園地園内を通り抜けると、旗振茶屋があり、この付近はかつての摂津・播磨の国境にあたる。西を向けば明石海峡、東に目をやれば神戸空港が見える絶景スポットだ。

　茶屋前を過ぎると樹林の中の道になり、しばらく眺望はないが、「義経の逆落とし」の舞台と伝わる一の谷への分岐を過ぎて、二つ目のピーク、鉄拐山は神戸の市街地方面の眺望が素晴らしい。数年前までは樹林に覆われて全く眺望がなかったの

登山口にある山王神社

42

須磨寺境内の「ミーシャ熊」

「五猿」は、頭に手を触れると動く仕組みになっている

須磨寺の境内は広く、見どころも多い。とくに梅、桜の季節は美しい

が、ここ数年進んでいる景観伐採のおかげで明るい山頂に生まれ変わった（夏は木陰がないため暑い）。

鉄拐山の山頂からは三方向に道があり、須磨寺へは南東方向の道を下る。須磨アルプス方面へ足を延ばすなら北側へ。

南東斜面へ下ると、途中に毎日登山の拠点ともなっている妙見堂跡の小屋を経て、須磨一の谷グリーンハイツの東側へ出る。階段下を左手へ進み、団地の外周を通る車道を東へ。道が右へカーブするところを直進して短い坂を上り、突き当たりを左折するとほどなく右手の墓地から須磨寺へ入れる。境内にはいろいろと面白い見どころがあるので、ぜひゆっくりと参拝していきたい。ちなみに、筆者はこのすぐ近くで生まれ、よちよち歩きの頃によくこの境内で遊んでいたらしい。

熊谷直実と平敦盛の一騎打ちの像が建てられている「源平の庭」

―――――――― Data ――――――――

地 形 図 ●須磨
アクセス●
往路／JR・山陽電鉄塩屋駅から徒歩。
復路／山陽電鉄須磨寺駅まで徒歩10分。
またはJR須磨駅まで徒歩15分。

六甲山で始める山歩き

　周囲のすべてを市街地に囲まれている六甲山は、非常にアクセスしやすい山です。

　街の延長のような「ウラヤマ歩き」のコースあり、山上に点在する観光施設を巡る遊歩道もあり。ふと思いついて、気軽に歩けるコースもあれば、本書の5章でご紹介している「六甲全山縦走路」のようなロングトレイルもあります。

　ロッククライミングの対象となる岩場もあれば、沢登りが楽しめる沢筋もあり、ハードな登山を目指す人たちにとっては、通いやすくてありがたいトレーニングの場です。

　難易度も、歩く長さも、いろいろなレベルに合わせた設定ができるので、山歩き入門の方も、ステップアップしたい人も、それぞれに合ったコースを選ぶことができます。

　1章では、ビギナーの方にも歩きやすい、難易度の低いショートコースを中心にセレクトしています。2章では、「山越えで歩く」縦走スタイルで、長めのコースも選定しています。

　短いコースをいくつか歩いてみて、慣れてきたら徐々に距離を延ばしてみてはいかがでしょう。六甲山は、要所で交通機関が利用できる場合が多いので、はじめのうちは、途中でリタイアできる（途中にバスやケーブル・ロープウェーが利用できるポイントがある）コースを選ぶと安心です。慣れない山歩きで疲れ切ってから下ろうとすると、事故のもとにもなりかねません。

　無理をせず、少しずつレベルアップすることを意識しながら山歩きを続けていけば、いずれ遠くの憧れの山、例えば北アルプスの高峰などの本格登山が視野に入ってくるかもしれません。また、人気の高い富士登山も、ある程度山を歩き慣れて、体力をつけてから行けば、余裕を持って楽しむことができます。

　六甲山で、奥の深い「登山」の楽しみを見つけていただければ、六甲山大好きの登山愛好者としてはうれしい限りです。

2章

縦走スタイルにチャレンジ

六甲山は、東西に長い山塊で、
南北に、あるいは東西に、
山麓から山頂部を目指して登り、
別の山麓へ下る「縦走」と呼ばれるスタイルで歩くことができます。
やや歩きごたえのある、
六甲山ならではの縦走コースをセレクトしました。

南麓から北麓へ縦走1

所要時間
3時間30分

1 アイスロード～シュラインロード

**コース
タイム**
六甲ケーブル下駅 **20分** 新六甲大橋北（アイスロード入口）**1時間10分**
前ヶ辻 **20分** 行者堂 **20分** ドライブウェイ（石鳥居）**1時間20分** 有馬口駅

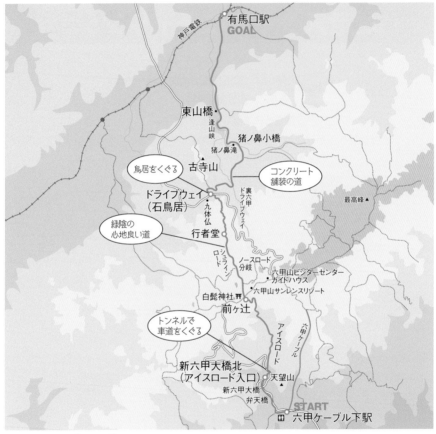

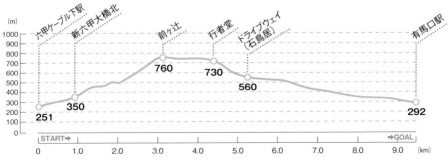

新六甲大橋の下を通る

アイスロード上部からの眺望

表六甲ドライブウェイの新道旧道交差点

並行する新旧ドライブウェイの旧道を歩く

　カタカナ地名が多い六甲山で、カタカナロードをつないで南北に縦走できるのがこのコース。

　南斜面の「アイスロード」は、氷を運ぶために使われたと伝わる道だ。明治の初め頃、今よりずっと寒かった六甲山上では冬になると分厚い氷が張ることに目を付けた人たちが氷屋を始めた。冬に氷を切り出して氷室に保管、夏に運び下ろして街へ売りに行っていたとか。需要も多くいい商売だったようだが、電気冷蔵庫の普及で廃れてしまった。

ドライブウェイの下をくぐる低いトンネル

　北斜面の「シュラインロード」は、石仏が点在するのを見た外国人がつけた呼び名だとか。いずれも六甲山の歴史を物語るエピソードで、道の雰囲気や植生なども南側と北側では違いがあるので、通して歩くと面白い。

　アイスロードの起点へは、六甲ケーブル下駅からドライブウェイの

シュラインロードの石仏

前ヶ辻にある白髭神社の小さな境内
（2024年春時点、移設中）

旧道を行く。新六甲大橋下の信号を渡って直進すると、旧道で最初のカーブから山道に入ることができる。橋を渡り、新道を低いトンネルでくぐって、尾根をひとつ越えると前ヶ辻谷へ入る。途中にアイスロードの由来を解説する看板があるが、かなり急な部分もあり、とても重たい氷を積んだ大八車を引いて歩けるような気はしない。

　急登を登りきると「前ヶ辻」。山上のドライブウェイ北側には白髭神社が鎮座している。この交差点が、

西へ向かうノースロードとの分岐点。直進する

アイスロードとシュラインロードの接続点になっている。

　シュラインロードは、別荘街を通る舗装されたなだらかな道から始まる。やがて山道になり、役行者を祀る「行者堂」を過ぎると傾斜もややきつくなる。裏六甲ドライブウェイと交差する箇所で、車道沿いに少し西へ進むと「九体仏」が祀られているので、立ち寄ってみるとよい。

シュラインロード下、ドライブウェイとの交差点の石鳥居

石鳥居から車道を西へ進むと九体仏がある

ドライブウェイ北側の石の鳥居をくぐって石段を下り、林道を右へ。下っていくと、右から林道が2本合流し、さらに下ると猪ノ鼻小橋。橋の下流に猪ノ鼻滝がある。逢山峡の流れに沿ってさらに下り、東山橋を過ぎて道なりに進むと、神鉄有馬口駅へ着く。

スポット情報

白髭神社と六甲阪神稲荷

六甲開山の祖、A・H・グルーム氏の死後、神戸市街の本宅に不思議な客が訪れ、末娘のリウさんに「父上さまに山上で助けられたキツネです。諏訪山神社の初午を幸いにお礼に来ました」と名乗ったとか。そのキツネの霊を祀ったのが始まりで、後年「白髭白菊大明神」と名付けられたというエピソードが伝わっている。また「六甲阪神稲荷」は阪神電鉄が山上開発に着手した頃に建て、2022年春、グリーニア内に移築した。

かつての白髭神社（左）、前ヶ辻にあった頃の六甲阪神稲荷

ロープウェイ駅舎跡の廃墟

アイスロードの登山道に入ってすぐ、橋を渡ったあたりの右手にコンクリートの廃墟がある。かつて阪神と山上開発のしのぎを削っていた阪急が、六甲ケーブルに対抗して運行していたロープウェイの駅舎の跡だ。1931（昭和6）年開業、定員21名のロープウェイは当時東洋一と人気を博したが、戦時中の鉄材供出により、終戦直前に廃線となり、戦後も復活しなかった。

自然に還りつつある駅舎

石仏と行者堂

シュラインロードは、元は「六甲越」と呼ばれた険阻な間道で、野盗や辻斬り、化け物が出る恐ろしい道であったとか。犠牲になった人の供養と、道中の無事を祈るため、文政年間に西国三十三所になぞらえた石仏が寄進された。行者堂には、前鬼・後鬼、役行者と不動明王が祀られている。ドライブウェイ沿いに少し離れて祀られている九体仏は、トンネルや道路工事のために移動させられたもの。

行者堂の石の祠とその内部

Data

地 形 図 ●神戸首部・有馬
アクセス●
往路／阪神御影・JR六甲道・阪急六甲駅から市バス16系統で六甲ケーブル下へ。
復路／神戸電鉄有馬口駅。

2 南麓から北麓へ縦走 2

所要時間 **4時間20分** （魚屋道で下山する場合は4時間45分）

2 ▶ 石切道～紅葉谷

コースタイム エクセル東 20分 石切道登山口 2時間 六甲ガーデンテラス 30分 紅葉谷入口 1時間 炭屋道分岐 30分 有馬温泉バス停 〈炭屋道分岐 15分 魚屋道 40分 有馬温泉バス停（プラス25分）〉

紅葉谷のブナ

（標高・距離グラフ）

地点	標高
エクセル東	260
石切道登山口	280
六甲ガーデンテラス	880
紅葉谷入口	860
炭屋道分岐	484
有馬温泉バス停	372

取り残されたような石が点在

住吉道と石切道の分岐点

要所に道標が立つ

膨大な石積みに石切道らしさを感じる

　六甲山は花崗岩(かこう)でできた山で、切り出した石を御影から船に乗せて各地へ出荷したことから「御影石」という石材名が付けられた。その御影石を切り出して運んでいたことから名が付いたのが「石切道」。

　JR住吉駅、阪急御影駅を起点に歩く人も多いが、住宅街の舗装路が長すぎるので、ここではバス利用の楽なコースを紹介する。摩耶山の「坂バス」、森北町の「どんぐりバス」と共に坂の上に住む住民の大切な足である「住吉台くるくるバス」に乗ると、標高約260mまで上ることができ、コースタイムで1時間以上短縮できる。バス停から登山道まですぐなのがありがたい。

　終点の「エクセル東」バス停から東へ、突き当たりを山側へ進んだところが登山道入口。住吉川右岸に付けられた遊歩道をしばらくたどると、五助堰堤下で3方向に登山道が分かれる「石切道登山口」に着く。

　「石切道」と刻まれた花崗岩の道標に従って登る。石がごろごろとした歩きにくい道をしばらく行くと、

紅葉谷のカラフルな紅葉

炭屋道分岐手前の渡渉点

住吉霊園から続く舗装道に合流。大きな石がごろごろと積み重ねられた斜面を眺めながら車道を上り、5つ目のカーブから再び山道へ。尾根に絡むように登り詰めると六甲ガーデンテラスへ着く。

　景色を眺めながら一息入れたら、六甲全山縦走路を東方向へ。最高峰から大阪方面が一望できる小ピークを下ると、紅葉谷道の分岐点。車道を渡り、北へ進むと番匠屋畑尾根とのY分岐で、右へ。一帯は「ブナを植える会」が六甲ブナの育成を行っている。

　紅葉谷道を下っていくと、何本かのブナの巨樹に出会うが、六甲山で一番たくさんブナが見られるエリアだ。

　東から白石谷が合流する紅葉谷出合からさらに下り、小さな流れを飛

高さ30m、幅78m、六甲山の砂防ダムで最大級の「五助堰堤」

土砂災害を防ぐ砂防堰堤の解説板がある

Advice

起点の「エクセル東」は、JR住吉駅から住吉台まで運行されているコミュニティバス「住吉台くるくるバス」の終点で、最も登山口に近い。1時間3〜4便、所要約15分と便利だが、車体が小さいので、人数が多いグループなどは市バスを利用したい。JR甲南山手・摂津本山駅、阪急岡本駅から神戸市バス31系統、JR住吉駅から神戸市バス38系統、落合橋から川沿いを登る。

極楽茶屋跡南側の眺望。天気が良ければ高野山まで見える

炭屋道分岐にある可愛らしい手作り案内板

六甲ガーデンテラス

標高約880mの山上にある「自然体感展望台 六甲枝垂れ」をはじめとする複合施設。複数のビュースポットと、カフェやレストラン、ショップが点在し、英国風の庭園も楽しめる。かつて「回る十国展望台」という回転式展望台があった。摂津・播磨・淡路・河内・和泉・紀伊・大和・山城・丹波・阿波の旧10国が見渡せるというネーミングで、その雄大な眺望は今も変わらない。

ヒノキのフレームが個性的な六甲枝垂れ

六甲ブナ

ブナは、「森の女王」とも呼ばれる美しい樹で、本州日本海側から東北地方にかけて多く分布し、冷涼な気候を好む。兵庫県では、氷ノ山や扇ノ山など、北寄りの比較的高い山に多く、南部では六甲山の標高750m以上にしか分布していない。2005年に行われた調査では、130本が確認されているが、今より気温が上昇すると絶滅すると言われている。

紅葉谷上部には六甲ブナが点在

び石で渡ると、東屋のある炭屋道との分岐点。滝川沿いの林道を下れば、15分ほどで六甲有馬ロープウェー有馬温泉駅へ。温泉街へはさらに徒歩20分ほどかかる。金の湯の少し下に阪急バスの乗り場、太閤橋の東詰めにさくらやまなみバス、JRバスの乗り場がある。

Data

地形図 ●神戸首部・有馬
アクセス●
往路／JR住吉駅から住吉台くるくるバスで「エクセル東」へ
復路／阪急バスで梅田・芦屋・宝塚・西宮名塩へ。JRバスで三宮・京都、さくらやまなみバスで夙川・西宮方面へ、神戸電鉄有馬温泉駅から有馬口・谷上経由で各線三宮へ。

2 大龍寺参道から山田道へつなぐ

3 大師道～森林植物園～谷上

**コース
タイム**
元町駅 15分 諏訪山公園 1時間20分 猩々池 20分 大龍寺 15分
再度公園 50分 森林植物園西門 30分 森林植物園前 50分 谷上駅

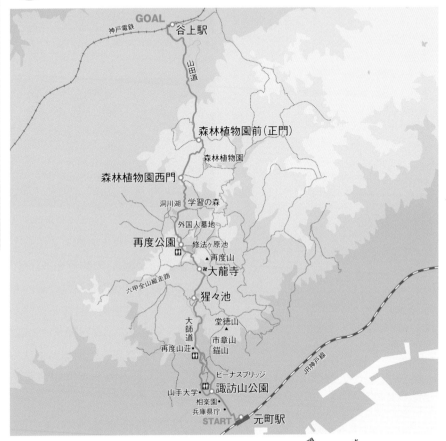

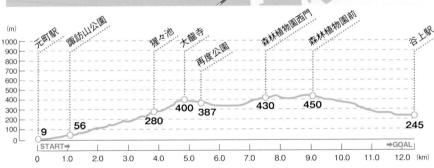

諏訪山公園の西側、山手大学の南東角に、大龍寺への参道であることを示す「丁石」が立っている。ここから、弘法大師ゆかりの再度山大龍寺へ続く道が大師道。一部急な登りもあるが、大半が舗装道で、谷沿いのコースだが、増水して危険な状態

鳥のさえずりが心地よい緑陰の道

山手大学南東角から始まり、1丁ごとに距離を示す「丁石」が置かれている。新しく作り替えられたもの、舗装に半分埋まっているものなどいろいろ

往年の名トランペッター片岡学さんが開いたジャズが流れるカフェ

老舗の燈籠茶屋

になることもめったにない。毎日登山のメジャーコースでもあり、稲荷茶屋・燈籠茶屋、ジャズが流れるカフェ「はなれ家」など一服できる茶店もあって、多くの人が日々の散歩道として利用している。登山道というよりは、街の延長のような散策路だ。

大龍寺山門前からは、左手へ進むと全山縦走路に合流、再度公園へ続く「再度越」に行けるが、境内を

大龍寺境内には弘法大師像がある

大龍寺仁王門

大龍寺奥之院

通って、本堂・奥之院に詣で、山頂を経由することもできる。

　再度公園は、池と広場がある心地のよい場所で、週末にはカフェや売店もオープン。のんびり過ごすには最適のスポットだ。

　外国人墓地の手前を北西に進み、仙人谷を下って洞川湖の東側へ。車道に出たら左折し、「学習の森」に入る。道標に従って登っていくと、やがて森林植物園の西口へ着く。

　園内は非常に広く、季節によって見どころがいろいろあるが、青葉トンネルをくぐって長谷池を通るコー

外国人墓地の展望台からの眺めとモニュメント

Advice

　大龍寺から再度山の山頂を越えるコースは、あまり一般的ではないが、近年眺望がよくなり、登る人も増えてきた。大師堂前を右へ進むと奥之院へ。奥之院からさらに右手へ進むと、山道になり、弘法大師作と伝わる「亀石」を経て、少し急な登りをこなすと山頂へ。山頂部から西側へ下ると、再度公園へ続く「再度越」道に合流する。

　また、再度公園北側にある「神戸市立外国人墓地」は、ふだんは一般公開はされていないが、正門左手にある展望台までは誰でも行くことができる。眺望もよく、園内の一部を見渡すことができる。

修法ヶ原池の周囲は心地よい休憩適地

「毎日登山一万回の碑」の彫刻

スポット情報

神戸市立森林植物園

　六甲山地の一部で、標高約400m前後、総面積142.6haの広大な植物園。日本で唯一「森林」をテーマにした園で、約1200種（うち500種が外国産）の樹木を生体展示している。とくに、アジサイは"幻のアジサイ"と呼ばれる六甲山の名花シチダンカをはじめ、約350品種5万株が植えられ、花の季節には圧巻の美しさ。桜、紅葉、秋草、スプリングエフェメラル（早春のみ見られる可憐な花）など、一年を通してさまざまな植物が楽しめる。

「六甲ブルー」の美しいアジサイがたくさん

スがおすすめだ。時間に余裕があれば、ブリスベーンの森や天津の森方面へも足を運びたい。

　山田道へは、森林展示館前の正門を出て、小部峠方面へ少し進むと、道路の反対側に「山田道」の道標が見える。信号がないので、車に注意を。造成中の工事現場、ソーラー発電所を過ぎ、左手に弓削牧場への分岐を見送ると、しばらく森の中の心地よい小径になる。さらに下ると川を渡るポイントがあって、増水して

いると渡れないこともある(※)。その先でもう一度木橋を渡ってしばらく進むと、高速道路の高架下へ。川沿いの道から地下鉄北神線・神鉄の線路をくぐって右へ曲がると谷上駅はすぐ。

　※大雨の後や悪天候が予想されるときは、山田道を下らず、森林植物園からバスを利用して下山しよう。

Data

地 形 図 ●神戸首部
アクセス●
往路／ JR・阪神元町駅など。
（最寄りは地下鉄県庁前駅）。
復路／市営地下鉄北神線・神戸電鉄谷上駅。

自然観察＆歴史・文化の探索が楽しいスポット

「森の学校」の活動拠点の心地よい森を散策

再度公園周辺

六甲山地では希少な原生状態の森が残る大龍寺、六甲山の緑化の始まりの地・再度山、そして市民の手で森を守る活動が行われている再度公園。手入れのいい森で樹木や草花をじっくりと観察できる。

地図内のラベル:
- 植物園西門
- 7 学習の森
- 6 洞川梅林
- 明るい樹林の道
- 5 外国人墓地展望台
- 4 大師堂
- 3 修法ヶ原池（再度公園）
- 再度山
- 2 再度山頂
- 1 大龍寺

1 大龍寺

和気清麻呂が開創したと伝わる。この近くで道鏡の刺客に襲われたとき龍が現れて救われたことから大龍寺と名付けたという。境内とその周辺は六甲山地では希少な原生状態に近い森。

境内にはマザーツリーにも選定されているアカガシの巨木がある

境内から山頂部にかけては照葉樹林になっている

2 再度山頂

古名「摩尼山」。赤松則村の多々部城があり、山頂からは海辺の街道がよく見えたらしい。近年景観伐採が行われ眺望が回復。

③ 修法ヶ原池（再度公園）

池の対岸が「再度山永久植生保存地」で、明治の終わりごろ六甲山の緑化に着手した最初のエリア。国の名勝に指定。

④ 弘法大師修法の地 大師堂

弘法大師が唐へ渡る前と、帰国後再び訪れたため「再度山」の名が付いたと言われ、その修法を行った地がこの付近と伝わる。

⑤ 外国人墓地展望台

神戸開港以来活躍した諸外国の人々が眠る外国人墓地。隣接する展望台は立ち入り可能で、墓地の一部が見渡せる。

⑥ 洞川梅林

仙人谷を下ると、洞川湖の南側に梅林がある。梅や桜が植えられ、市街地よりやや開花時期が遅く、静かに花見が楽しめる。

⑦ 学習の森

かつて神戸市立教育植物園があった場所で、現在は神戸市立森林植物園の一部。有料エリアではないため自由に見学可。

【このエリアでよく見られる植物】

コバノミツバツツジ

早春に一番に咲くツツジの仲間。日当たりを好み、よく手入れされた明るい森では華やかな花をたくさん咲かせる

モチツツジ

コバノミツバツツジが終わったあとに咲く春の花。つぼみは少し毛深くて、ねばねばした手触りで「餅」の名が付いた

シロバナウンゼンツツジ

六甲山では中腹以上のエリアに分布。1cmほどの小さな白い花で、中心部がわずかに紅色を帯びるものもある

チゴユリ

ユリ科の小さな植物で、可憐な花をお稚児さんになぞらえたもの。5月頃、明るい森の足元にひっそりと咲いている

コガクウツギ

初夏の頃、アジサイの仲間で一番に開花する。真っ白で控えめな飾り花が清楚で、西洋アジサイとはまったく佇まいが異なる

コアジサイ

飾り花（ガク）を全く持たない地味な姿ながら、淡いブルーが美しく、アジサイの仲間では珍しくほのかな香りを漂わせる

4 杣谷～穂高湖～シェール道～炭ヶ谷

コース
タイム
阪急六甲駅 **50分** 杣谷堰堤 **1時間50分** 杣谷峠 **30分**
シェール道分岐 **40分** 炭ヶ谷源頭 **50分** 炭ヶ谷入口 **20分** 谷上駅

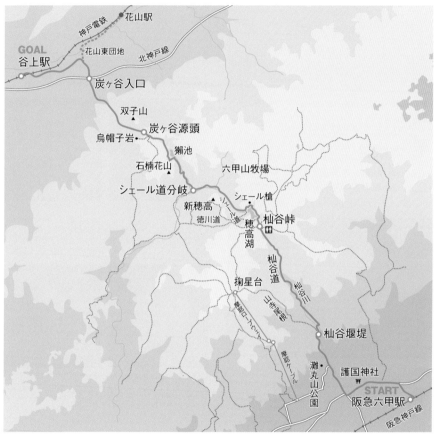

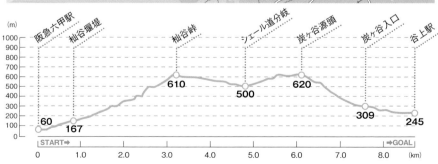

穂高湖では「自然の家」のカヌー体験が行われる

杣谷峠から北へ下ると穂高湖がある

杣谷峠には案内看板とトイレがある

涼しげな水音をたてる小滝も

杣谷はコンクリート製の砂防堰堤が連続する

　小滝が連続することから「カスケードバレイ」と呼ばれていた杣谷道。現在は砂防堰堤が連続し、かつての面影はないが、それでも緑陰と水音が涼しげな沢沿いの人気ルートだ。ここから、生田川源流部を越えて、六甲山北麓の炭ヶ谷へ下るコースを歩いてみよう。

　都賀川は阪急線の山側で二俣に分かれ、右が六甲川、左が杣谷になる。市道山麓線の、護国神社西側、上野中学北西角の信号のある交差点を山手方面へ。かなりの急坂だが、700mほど登ると、砂防ダムの左手から登山道へと入る。小さな流れを渡り、山寺尾根への道を左へ見送って杣谷本流を進む。杣谷堰堤付近はここ10年くらいでずいぶんルートが変わっているが、メジャーコースなので道は比較的明瞭。右岸から左岸へ、その後も何度か渡渉や堰堤の高巻きを繰り返しながら登っていく。木の袋谷を左へ見送り、石段道を登り詰めると杣谷峠。トイレのある広場前から車道を渡って小径を下る

シェール槍の頂上直下からは穂高湖が見下ろせる　　　シェール槍への登り口

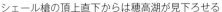
Advice

　杣谷も炭ヶ谷も沢沿いのルートなので、大雨の後などは増水で通れなくなったり、危険な場合があるので注意が必要。

　炭ヶ谷のヤマアジサイは、年によって開花時期は多少ずれるが、概ね6月上旬から下旬頃にかけて。ヤマアジサイと同じく、六甲山に自生するアジサイの自生種「コアジサイ」や「コガクウツギ」もこの周辺では多く見られる。

と、穂高湖へ。

　木々に囲まれ、木製デッキとベンチがある休憩適地で、まるで高原の湖のような風景が楽しめる。湖畔に沿って右手へ進んでいくと、シェール槍の登り口を経て堰堤下からシェール道へ。穂高湖から流れ出す

炭ヶ谷に自生する「ヤマアジサイ」

炭ヶ谷道の名の由来でもある炭焼き窯跡

炭ヶ谷道の最上部

コアジサイとほぼ同じ時期に咲く「コガクウツギ」

穂高湖とシェール槍

　穂高湖は、生田川の源流部近くで、ダムでせきとめられた人工湖。地図を見ると、北西側に不自然な直線部分があるが、それが堰堤。

高原の湖を思わせる穂高湖

　シェール槍へは、堰堤の真上あたりから北側へ道が分岐し、10〜15分の登りで山頂へ。ピーク直下はちょっとした岩場になっていて、山頂からは、西側に新穂高、天気がよければ播磨灘まで見渡せる。

シェール槍のピークからは西側の眺望が素晴らしい

飾り花のない「コアジサイ」も自生種

生田川の源流部とほぼ平行に緩やかに下って行く幅の広い道だ。やがて獺池方面への道標がある分岐に出るので、右手へ進む。池の手前で左折して車道に入り、道路脇を北へ。車道が大きく右にカーブするところが炭ヶ谷方面への分岐点で、左折し西へ進むと、小さな峠を越えて炭ヶ谷へ下って行く。

　この沢沿いには、自生種のヤマアジサイの群落があり、花の季節に訪れると、清楚で涼しげなブルーの花が見られる。途中、右手に地名の由来となった炭焼き窯跡がある。

　高速道路の高架をくぐると車道に出て、さらにしばらく下ると、谷上駅と花山駅のちょうど中間あたり。どちらの駅へも15分ほどだ。

Data

地形図●神戸首部・有馬
アクセス●
往路／阪急六甲駅から徒歩
（または市バス2・18系統護国神社前）。
復路／神戸市営地下鉄北神線・神戸電鉄谷上駅・または神鉄花山駅。

急登が続くトレーニング向きのハードコース

所要時間
5時間30分

5　有馬三山～六甲ガーデンテラス～天狗岩南尾根

コースタイム　有馬温泉（阪急バス停）`20分` 落葉山（妙見宮）`40分` 灰形山 `50分` 湯槽谷山 `1時間40分` 極楽茶屋跡 `20分` 六甲ガーデンテラス `30分` 天狗岩 `1時間` 寒天橋 `10分` 渦森橋

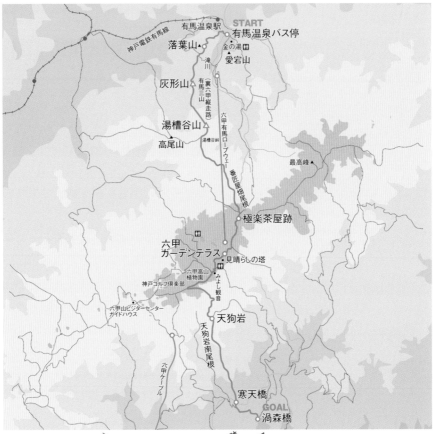

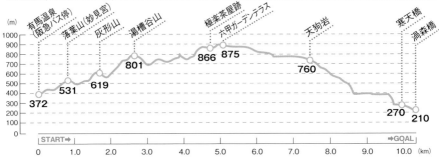

有馬バス停（阪急バス）の向かい側にある落葉山登山口

落葉山の参道に一歩入ると、
そこはうっそうとした深い森の中

妙見宮参道から有馬三山の縦走が始まる

妙見寺本堂

　有馬の中興の祖・仁西を導いた木の葉が落ちたという落葉山、有馬で茶会が行われたときに、千利休がこの山の形を模して風炉の灰を盛ったという謂れがある灰形山、行基が湯ぶねに使う木を伐り出したという湯槽谷山を有馬三山と呼ぶ。この三山から六甲の主稜線に続く番匠屋畑尾根は、アップダウンが激しいコースとして知られている。南面の天狗岩南尾根も、登りごたえのある急傾斜の尾根で、これを通して歩くと、タフな縦走コースになる。

　阪急バスの有馬温泉バス停斜め向かいに、妙見宮の参道入口がひっそりとある。石段の小道へ踏み込む

と、そこは巨木が林立する深い森で、一瞬で別世界に入る感じが面白い。西国三十三所の石仏に見守られながら登っていくと、展望スポットを経て山頂部へ。お堂の裏手から少し南へ進んだところに三角点がある。

Advice

　有馬三山も天狗岩南尾根も、急傾斜でタフなコースなので、ガーデンテラスで区切って2回に分けて歩いても。逆コースにすれば、下山後に有馬温泉で入浴できる。2章2 石切道〜紅葉谷（P50）と組み合わせてアレンジも可。

天狗岩からは南側の眺望が素晴らしい　　　　木階段が続くきつい登山道

灰形山へは、大きく下って登り返しになるが、途中痩せた岩尾根になっている部分もある。619mの灰形山、801mの湯槽谷山と主稜線に近づくほど標高が高くなるが、丸太階段の急な登り下りがこれでもかと続く。このエリアは、深い樹林に覆われていて、ほとんど眺望はないが、季節の花に心癒される。早春のコバノミツバツツジから始まり、モチツツジ、シロバナウンゼンツツジ、初夏にはコガクウツギ、コアジサイと続く。新緑の頃には、足元にチゴユリやイワカガミの可憐な花も咲く。

湯槽谷山からもさらにアップダウンが続くが、登り後半は傾斜も多少緩やかで、静かな森の小径となる。やがて、紅葉谷道とのY字分岐に出れば、極楽茶屋跡まではすぐ。

車道を渡り、全山縦走路に合流して六甲ガーデンテラスへ。ビュースポットでもあり、食事や買い物もできるので、一息つくといいだろう。天狗岩南尾根へは、全山縦走路をしばらく歩き、みよし観音の先で車道

天狗岩南尾根への分岐にあるロープウェー（休止中）の鉄塔

天狗岩南尾根の登山口にあたる寒天橋

番匠屋畑尾根で5月頃に咲くイワカガミ

スポット情報

六甲ガーデンテラス

　標高約888mの山上にある複合施設で、3カ所の展望台、カフェ、雑貨・土産物店、カフェテリアなどがある。カレーや麺類、ソフトクリームなどの軽食があり、気軽に利用できるフードテラスはハイカーにも人気。

ユキザサの花（番匠屋畑尾根）

天狗岩南尾根の下り口

をそのまま下っていく。旧オリエンタルホテルの敷地西側の小道を南へ進み、しばらく行くと、休止中のロープウェーの鉄塔が見えてくる。架線の下から山道へ入るとほどなく天狗岩。大阪から神戸にかけての市街地を一望する絶景スポットだ。

　天狗岩南尾根は、道は比較的わかりやすいが、尾根から外れないように注意を。寒天橋へ下る最後の部分が少し荒れていて、足元が悪いので注意深く下ろう。

Data

地 形 図 ●神戸首部・有馬
アクセス●
往路／三宮からJRバス、芦屋・宝塚から阪急バスで有馬温泉へ。または神戸電鉄で有馬温泉駅へ。
復路／渦森橋バス停より神戸市バス31系統でJR摂津本山（阪急岡本）、甲南山手駅、38系統でJR住吉、阪神御影駅へ。

南北縦走のテッパンコース

所要時間
5時間40分

⑥ ロックガーデン～六甲最高峰～有馬温泉

コース
タイム
阪急芦屋川駅 `40分` 高座の滝 `45分` 風吹岩 `1時間` 雨ヶ峠 `30分`
東お多福山 `25分` 七曲り下 `50分` 最高峰 `1時間30分` 有馬温泉バス停

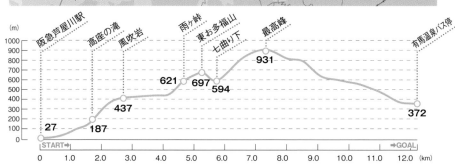

花崗岩の露岩帯を登るロックガーデン。ちょっぴりスリルも楽しめる、天然のアスレチック

六甲山のハイキングコースでも、テッパンなのが、最高峰を経て南北に縦走するこのコース。遠方からわざわざ歩きに来るハイカーもよく見かける。休憩も含めると所要時間6時間超え、累計標高差1000m超えの歩きごたえのあるコースだ。

阪急芦屋川駅北側の広場は、多くのハイカーの集合場所で、休日ともなれば登山装備の人々であふれかえる。広場北西の階段から、まずは登山口である高座の滝を目指す。

住宅街の坂道はかなりきついが、高座川左岸沿いの道になると傾斜も緩くなり、緑陰が心地よい。

登山口付近には茶屋が2軒あり、トイレもある。トイレはこの先、最高峰直下の1カ所のみ。滝の下を通り、尾根へ取り付くと「ロックガーデン」と呼ばれる風化花崗岩（かこう）の露岩帯で、ちょっとしたロッククライミング気分が楽しめる。尾根道を登り

登山口には茶屋がある

2軒の茶屋をすぎると「高座の滝」

詰めると、岡本方面からの道と合わさる風吹岩。眺望もよく、休憩スポットとして人気があるが、時々イノシシに食べ物や荷物を奪われることがあるので注意が必要。

ここを過ぎるとなだらかで歩きやすくなるが、枝道が多いので、道標

風吹岩に登って景色を楽しむ人々。（風吹岩は2020年の崩壊で写真とは様子が違っている）

などをしっかり確認しながら進もう。ゴルフ場の中を通り抜け、急登をこなすと、東お多福山への分岐点でもある雨ヶ峠。東屋もあり、ランチ休憩を取る人が多い。

東屋右手から本庄橋跡方面へ進むが、時間に余裕があれば、東お多福山を経由すると眺望が楽しめる。

このコースで最もきつい登りが「七曲り」。標高差300mの急な坂で、その名の通り、何度も曲がりながら高度を上げていく。登りきったところが一軒茶屋前で、車道を渡り、最高峰まではもうひと登り。

風吹岩の下は広場になっていて、休憩適地

最高峰直下から大阪方面の眺め

米軍接収当時の最高峰の碑

最高峰周辺は景観伐採で眺めがよくなった

少しコースからそれるが、横池のほとりは休憩適地

北側斜面の魚屋道は緑陰の快適なトレイル

スポット情報

六甲最高峰

　その名の通り、六甲山地の最高地点で、標高は931m。約100万年前から始まった「六甲変動」によって隆起して形成された山で、1995年の阪神・淡路大震災でも、12cm高くなった。山頂は広場状になっていて、ここ数年進められている景観伐採で360度の眺望が得られるようになった。

　かつては、米軍のパラボラアンテナがあり、一般市民は立ち入ることができなかった。その当時の最高峰の標石が山頂の南側の薮の中に残されている。

ハイカーで賑わう最高峰

有馬温泉

　神代の昔に大己貴命と少彦名命の二神が発見したと伝わる日本最古の温泉で、金泉、銀泉という2種類の異なる湯が沸き出す、世界でも珍しい天然温泉。かつては「関西の奥座敷」と呼ばれ、高級イメージがあったが、近年では気軽に日帰り入浴が楽しめる施設も増え、お洒落なカフェやお店が続々とオープン。若い層も多く訪れるようになり、活気のある温泉街になっている。

Advice

　有馬温泉では、日帰り入浴が楽しめる。外来入浴施設の「金の湯」「銀の湯」「太閤の湯」のほか、温泉宿でも時間帯によっては日帰り入浴ができるところがかなりある。お宿の温泉はやや割高だが、混雑も少なく、ゆったり入れることが多い。「金の湯」「銀の湯」はお得な共通チケットもある。

　下山は、車道の北側から魚屋道へ。古くから有馬温泉へ魚を運んだ道と伝わるが、今も多くのハイカーが行きかう。途中、瑞宝寺公園へ下る道、炭屋道から紅葉谷へ下る道が分かれるが、いずれも道標があるので迷うことはないだろう。

Data

地形図 ●神戸首部・有馬

アクセス●

往路／阪神・JR芦屋、阪急芦屋川駅から徒歩。復路／阪急バスで梅田、芦屋、宝塚、西宮名塩へ。JRバスで三宮、京都、さくらやまなみバスで夙川・西宮方面へ。神戸電鉄有馬温泉駅から有馬口・谷上経由で各線三宮へ。

Column

登山スタイルのあれこれ

「登山」にはいろいろなスタイルがあります。ライトな印象の「ハイキング」、少し本格的な印象のある「トレッキング」。「登山」と表現するとさらに厳しい感じを受けるかもしれません。これらの言葉の使い分けに、とくに明確な定義はないのですが、「登山」にカテゴライズされるアウトドア活動は、非常に多様なものが含まれています。単に「歩く」だけではなく、P108で解説するように、トレイルランニングやクライミングなどのアクティビティもあります。

コース設定による分類では、登山口から山頂を往復する「往復登山」、ある登山口から、山頂部を越えてべつの登山口を目指す「縦走登山」、いくつかの地点を巡りながら一周する「周回登山」など。

また、六甲山の場合はほとんどが日帰り登山ですが、一日で歩けない大きな山だと、山中で宿泊しながら複数日程の登山になります。宿泊ができる山小屋がある山域なら、山小屋に泊まって、少ない荷物で歩くことができますし、テントや炊事のための用具、食料、寝具などを一式背負って歩く幕営登山もあります。山域によっては、避難小屋が宿泊に利用できるところもあります。

ビギナーの場合は、まずは整備されたハイキングコースから歩き始めて、徐々に距離を延ばしたり、登り下りが激しいコースにも挑戦するなど、レベルアップしていきましょう。地形図とコンパス（方位磁石）を片手に、道なき道を辿るようなマニアックな歩き方も面白いものです。山に親しみ、慣れてくると、徐々に自分なりのスタイルができてくるでしょう。

でも、ハイキングが「下」で、本格登山が「上」、というものでもないのです。六甲山は、季節や天気や気分によって、いろいろな楽しみ方ができる山。ときにはケーブルやロープウェーを使って楽をしたり、登りだけがんばって、山上のカフェでゆったり過ごしたり、夜景を楽しんだり。なんでもアリの懐の深さが、「六甲山スタイル」の魅力ではないかと思います。

3章

六甲山らしさを味わうコース

六甲山は、花崗岩でできていて、
屏風を立てたような急斜面の山。
山麓には古代遺跡が点在、中世の山城跡もあります。
居留外国人がつけたハイカラな
横文字地名も六甲山ならでは。
そんな六甲山ならではの特徴的なコースを歩いてみましょう。

"ウラヤマ"の面白さが詰まったショートコース

1 会下山遺跡～魚屋道～権現谷東尾根（薬大尾根）

**コース
タイム** 阪急芦屋川駅 20分 会下山遺跡下登山口 40分 蛙岩 15分
権現谷東尾根分岐 45分 神戸薬科大学前 20分 JR甲南山手・阪急岡本駅

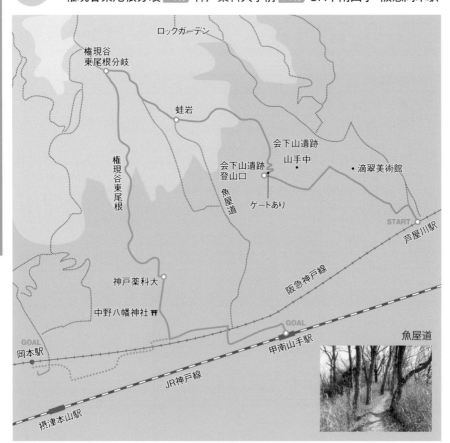

魚屋道

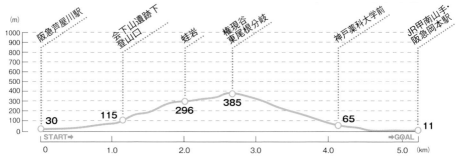

尾根上を桜が彩る「岡本桜回廊」（右端が権現谷東尾根）

六甲山南斜面の中腹には、「高地性集落」と呼ばれる弥生時代の古代住居跡がいくつか確認されている。保久良神社、伯母野山、桜ケ丘などいくつかあるが、往時の雰囲気を感じながら遺跡の中を歩けるのが、芦屋の背山にある会下山（えげのやま）。祭祀場跡や住居跡など、集落の全容がほぼ判明しているのも貴重で面白い。そのすぐ西側には、かつて山越えで魚を運んだと伝わる魚屋道（ととや）が通り、さらに西側には、桜並木で知られる権現谷東尾根（薬大尾根）がある。これらをつないで、手軽に歩ける背山のショートコースを設定してみた。木漏れ日が心地よいのどかな道で、桜の時期はもちろんのこと、冬でも歩きやすく、新緑の頃もお勧めのコースだ。

六甲山の主要登山口のひとつであ

魚屋道はのどかで歩きやすい快適トレイル

会下山遺跡では、解説板や復元された建物などが見学できる

会下山遺跡最上部からは東側の景色が見られる

カエルそっくり？の「蛙岩」

Advice

　六甲山では、山麓に近いエリアはどこでもそうなのだが、枝道が非常に多く、道迷いにつながる可能性がある。本コースは、要所に道標があるので、ていねいに地図と照合しながら歩けばさほどハイリスクではないが、怪しげな踏み跡に入ってしまったら、わかる地点まで引き返すなど、慎重な行動を。

る阪急芦屋川駅北側から、多くのハイカーが向かう高座の滝方面の道と分かれ、滴翠美術館、三条町の山手中学校を目指して住宅街の急坂を上っていく。

　墓地の脇に設置された、獣害対策用の扉を開けて山道へ入ると、ひと登りで**会下山遺跡** →マメ知識 へ。尾根上に点在する住居跡には簡単な解説看板も付けられていて、当時の配置がわかる。最上部は近年薮が刈り払われ、ビュースポットとなっているが、当時はどんな眺めだったのだろう。

マメ知識

会下山遺跡
国指定史跡

　弥生時代中～後期の集落跡で、地元の中学生が土器を発見したことがきっかけとなって発掘調査が行われた。標高201m地点を最高部とし、その南側の斜面に住居跡などが点在している。高床式の建物が1棟復元されている。

魚屋道

　江戸時代、深江浜などで水揚げされた魚を有馬へ運ぶために利用されていた山越えの間道。当時の公認の道は、西宮、小浜宿（宝塚市）、生瀬、船坂を経由するもので、生魚を運ぶには時間がかかりすぎた。阪神深江駅そばの大日霊神社にある「魚屋道」の碑を起点として、森稲荷から本庄橋跡、七曲り、最高峰の肩を通って有馬まで、当時のルートを再現して歩いてみるのも面白い。

岡本桜回廊

　「六甲山系グリーンベルト整備事業」の一環として、市民ボランティアグループが集まり、「岡本（ほくら～ととや）桜回廊づくりプロジェクト」に取り組んでいる。桜並木がある薬科大学上部と保久良山付近をつないで、岡本の背山を桜の回廊にしようという壮大な計画。今植えられている桜はソメイヨシノで、老樹が多い。ヤマザクラなど自生種のサクラを補植し、次世代を担う子どもたちとともに育成していく計画。

桜並木と海が一望できる権現谷東尾根からの眺望

ソメイヨシノの巨木が多く、花見をしながら歩ける

神戸薬科大学の桜も見事

　遺跡を過ぎ、尾根通しに登ってい
くと、小ピークを経て蛙岩へ。ここ
で**魚屋道**➡マメ知識と合流する。さ
らに尾根道の登りが続き、左手に
送電線の鉄塔が見える分岐（標高
380m付近）を南へ入ると、権現谷
の東側の尾根に乗る。ここから薬大
前まではほぼ一本道で、桜の時期に
は歩きながら花見が楽しめる。

Data

地 形 図 ●西宮
アクセス●
往路／阪神芦屋・JR芦屋・阪急芦屋川駅から徒歩。
復路／JR甲南山手、または阪急岡本駅。

六甲山地で唯一の草原の山

2 東お多福山

**コース
タイム** 東おたふく山登山口バス停 45分 東お多福山 10分 コドラート付近 15分
ドビワリ峠 35分 東おたふく山登山口バス停

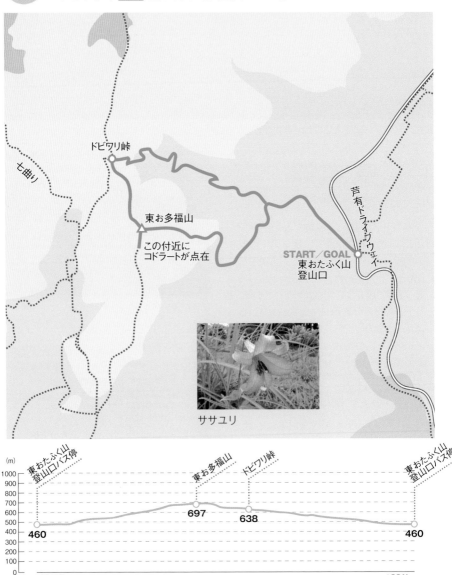

ドビワリ峠

七曲り

東お多福山

この付近に
コドラートが点在

START／GOAL
東おたふく山
登山口

芦有ドライブウェイ

ササユリ

(m)
1000
900
800
700
600
500
400
300
200
100
0

東おたふく山
登山口バス停

東お多福山

ドビワリ峠

東おたふく山
登山口バス停

460

697

638

460

START➡

➡GOAL

0   1.0   2.0   3.0 (km)

東お多福山は、六甲山地で唯一の草原の山

日当たりを好む草原性植物がいろいろと観察できる

　「東おたふく山登山口」バス停は、標高約460m。芦有ドライブウェイを走るバスを利用し、中腹まで一気に上れるので、ラクをしてそれなりの高さの山歩きを楽しめるのが本コースの魅力。東お多福山は、最高峰の前衛峰的な位置にあり、眺望もよい。そして何より、六甲山地で唯一の「草原」が広がっており、季節によっては可憐な「草原性植物」に出会える点も魅力だ。

　「東おたふく山登山口」バス停から北西方向へ続く車道へ。Y字分岐を左へ進むと、次の分岐に東お多福山への道標がある。これに従い、コンクリート舗装の林道を辿っていくと、チェーンで車道をふさいでいる箇所がある。またぎ越したあたりから左手へ入ると、登山道になる。飛び石で小さな流れを渡るが、大雨の

東側には奥池周辺の住宅街が見渡せる

道標が整備され、わかりやすい登山道

マメ知識

東お多福山草原保全・再生研究会

　兵庫県立人と自然の博物館の研究員や市民ボランティア団体などが協力し、ササの刈り取り実験や植生調査を実施している。

　元々、東お多福山は山麓の村々の人々の暮らしを支える「茅場」として利用されてきたが、近代以降草刈りが行われなくなったためにネザサが繁茂。生物多様性に富んだ草原に戻せないかと取り組みを続けている。年に数回のササ刈り作業により、一時はほとんど見られなくなっていたササユリ、キキョウ、オミナエシ、リンドウ、センブリなどの日当たりを好む草原性植物がよみがえってきている。ササユリなどが盗掘される被害が発生しているが、この環境を好んで生えている植物を移植するのは無理がある。良識をもって大事に見守っていきたい。

植生調査を行う「コドラート」

継続的に植生調査が行われている

　後などは増水していることもある。

　登山道は、山腹を巻きながら高度を上げていき、山頂から東へ延びる尾根に乗ってしばらく登ると、後方に視界が開けてくる。山頂まであとわずかというあたりで、左手に大きくササを刈り込んだ場所があり、その先にビュースポットがあるので、寄り道をしていくといいだろう。

　山頂は、なだらかな広場状になっているが、展望がよいのは少し南側へ下った先にある小ピーク付近。植生調査のための調査区（コドラート）があちこちに作られ、ササが刈り取られたあたりでは草原性の植物が復

活しているのが観察できる。

下山は、山頂の道標の脇から北西側へ、樹林の中の小道を下る。つづら折りの急な道で、「ドビワリ峠」へ着く。峠を西へ進めば最高峰へ続く七曲り方面、直進で北へ登ると、芦屋市の最高峰・蛇谷北山を経て、石の宝殿へ。東おたふく山登山口への下山は右手、東へ続く林道

林道からわかれて、小さな沢を飛び石で渡る

を下る。曲がりくねった道だが、枝道のない一本道で、登りのときに通った鎖のある地点を経て東おたふく山登山口バス停へ。

※このコースでは、ササ薮の中を通る部分があるが、5月頃から11月上旬頃にかけて、ササにはマダニが潜んでいることがあるので注意が必要。薮の中を通過したあとは、衣服などにマダニがついていないかチェックすることが大切。吸血前のマダニ（若虫の場合）は1mmほどの小さなサイズなので、見落とさないように注意を。表面がつるつるしたレインウェアなどにはつきにくいので、予防のためにレインパンツを着用するのも有効。

ドビワリ峠からは蛇谷北山を経て最高峰方面へも行ける

Advice

体力に余裕があれば、ドビワリ峠から七曲りを経て、最高峰・有馬温泉へ。ロックガーデンから最高峰越えで有馬まで縦走するのがちょっとキツそうだなと思っている方にはお勧めの短縮プランだ（P68参照）。逆に、雨ヶ峠を経由して、南麓へ向かえば、いろいろなコースと組み合わせられる。

Data

地形図●宝塚
アクセス●
阪神・JR芦屋駅、阪急芦屋川駅から阪急バス有馬温泉方面、芦屋ハイランド方面行きのバスに乗車、東おたふく山登山口下車。

断層がつくり出した異世界 " バッドランド " を歩く

所要時間
1時間30分

3 蓬莱峡（座頭谷）〜船坂

コースタイム 知るべ岩バス停 `40分` 二俣 `30分` ハニー農園跡 `20分` 舟坂バス停

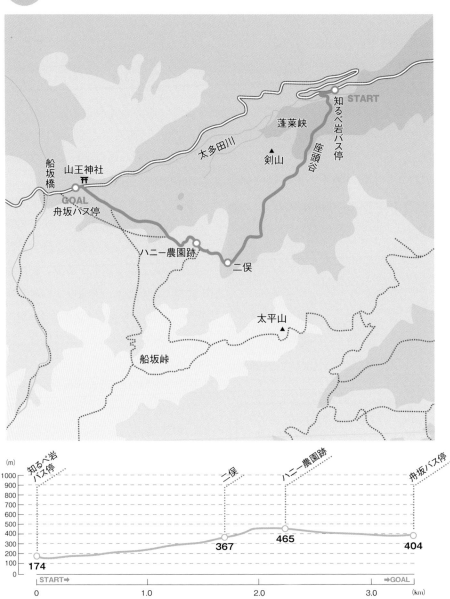

異世界感のある「バッドランド」を行く

北東側にある採石場が見える

風化花崗岩の殺伐とした岩肌

　壮大な年月に繰り返された地殻変動によってつくり出された、特異な風景が広がっているのが蓬莱峡周辺。断層が動くことによって基盤岩が徐々に破壊されて、時間の経過とともに風化が進み、激しく浸食された**バッドランド**➡マメ知識と呼ばれる荒々しい地形を目の当たりにできる場所だ。

　「知るべ岩」バス停から西へ約

古い時代の砂防堰堤が連続する

100m、太多田川に架かる通称「万里の長城」（蓬莱峡堰堤）を渡る。橋の上から座頭谷の上流を眺める

「万里の長城」と呼ばれる蓬莱峡堰堤

と、まっすぐな川の流れにいくつもの堰堤が並んでいるのが見える。現地の案内板によると、この付近は「兵庫県砂防事業発祥の地」。1895（明治28）年から、ほかに先駆けて砂防工事が進められてきた。今では珍しくなった、自然石を使って手作業で組み上げた「鎧積み」と呼ばれる見事な堰堤を見ることができる。

　川の左手に続く小道を上流に向かって登っていく。約500mで、大きな解説看板のあるポイントから大谷川の流れを飛び石で渡る。左へそれる大谷乗越への道と間違わないように方角をよく確かめて。この付近は枝道が多く、わかりにくい場所も

最後の急登

マメ知識

バッドランド

　六甲山は「衝上断層」で形成された山なので、多くの断層が走っているが、北側で顕著なのが「有馬高槻断層」。この断層の活動が作り出した巨大な断層破砕帯が、"東洋のグランドキャニオン"こと、蓬莱峡と白水峡。地質学用語で「バッドランド」と呼ばれている。

断層の動きによって形成された破砕帯

黒澤映画のロケ地

　蓬莱峡の独特の殺伐とした風景は、映画のロケ地としても魅力あるものだったようで、黒澤明監督による名作「隠し砦の三悪人」（1958年公開）のロケ地に選ばれた。この作品にインスパイアされて作られたのが、世界的大ヒット作『スターウォーズ』で、つまりあの作品世界の原点は蓬莱峡である、と言えなくもない？

スターウォーズ気分で探索を

珍しいムラサキセンブリの花

「鎧積み」という技術によって組み上げられた古い堰堤

Advice

整備された登山道ではないので、ルートが分かりにくいところがある。脆い岩壁に近づくと落石の危険もあるので、道が怪しいと感じたら引き返すこと。二俣からの登り口がわからない場合も、潔く引き返そう。また、長雨が続いた後などは特に落石のリスクが高まるので、近寄らない方がいい。

あるので、地図とコンパスは必携だ。4つの堰堤が連続するパートを左から登り越す部分は、かなり急で足元も悪く、落石にも注意が必要。

　大きなコンクリート堰堤を越えると、広い河原に出る。その先から、徐々に日本離れした独特の景観が展開し始める。どこが道なのかわかりにくい部分もあるので、慎重にルートファインディングを。

　川幅の広い部分をしばらく進むと、川が二俣に分かれるポイントに出る。左側の涸れた沢を見送り、右俣側へ進むと、樹林帯に入っていく。流れを渡り、森の中の小道から急な斜面を右斜め上へ登っていくと、や

がて段丘の上の平たん地へ出る。ミツバチ農園のあった建物を左手に見ながら西へ進むと、車道に出る。車道を道なりに下っていくとやがて船坂の集落に着く。

スポット情報

西宮市船坂里山学校

　1872（明治5）年に開校した旧船坂小学校。児童数減少により、2010年3月末に閉校となったが、歴史ある校舎を活用し、地域の活動拠点に。地域の資源を生かし、農業体験や野外活動、地元産の野菜を使ったランチの提供などを行っている。アートイベントの会場となったこともあり、趣ある建物を見学するだけでも値打ちがある。土曜・日曜は野菜や加工品の販売が行われることも。

Data

地 形 図●宝塚
アクセス●往路／JR・阪急宝塚駅から有馬方面行きの阪急バスで知るべ岩バス停下車。（4月〜11月の土休日のみ運行）。
復路／船坂バス停から阪急バスで宝塚、有馬方面。または舟坂橋バス停から、さくらやまなみバスで夙川・西宮方面、有馬方面（※北行きは有馬を経由しない便もあるので注意）。

歴史を秘めた谷筋から須磨アルプスのハイライトへ

所要時間
3時間30分

4 ▶ 須磨名水の森〜須磨アルプス

コース
タイム
月見山駅 30分 須磨名水の森入口 20分 天皇池 45分 栂尾山 20分
横尾山 30分 東山 50分 板宿八幡宮 15分 板宿駅

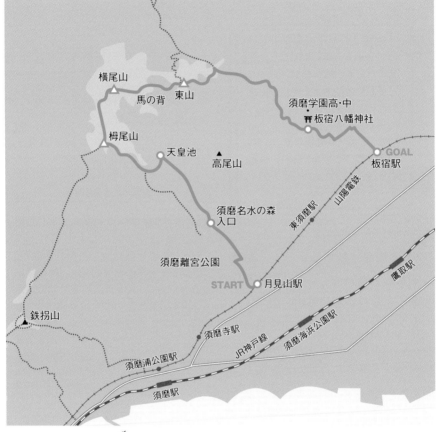

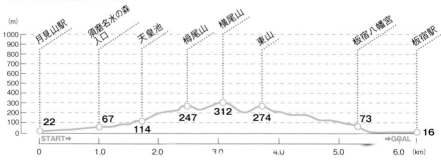

須磨アルプスのハイライト「馬の背」

須磨の山は、六甲山地の西端である鉢伏山・旗振山・鉄拐山の塊と、高倉台をはさんだ東側、栂尾山・横尾山・東山の塊に分かれている。主稜線を通る全山縦走路を歩くのが一般的だが、栂尾山から東山にかけての南麓側には、面白いルートがたくさんあって、地元の方々などに親しまれている。マイナーエリアではあるが、地域の歴史を秘めたスポットを探索し、須磨アルプスのハイライト・馬の背を越えるコースを紹介しよう。

月見山駅から山側へ進み、離宮公園南側の車道を東へ。一つ目の信号を左折し、高速道路高架下の道へ。離宮公園の本園と東ゾーンの植物園

名水の森の名の由来「須磨森の名水」

の間を通る道で、しばらく山側へ進むと高架下から離れ、左手に「須磨名水の森」の案内看板が立つ登山道入口が見えてくる。

天井川に沿った遊歩道を登っていくと、大きい堰堤をひとつ越え、沢が３方向に分かれる地点に出る。増水時は道が水没していることもあるが、堆積した土砂でちょっとした広

スリル満点の痩せ尾根

場になっている。道標と踏み跡に従い、真ん中の沢筋へ。やがて、左手に離宮公園・栂尾山方面への分岐が現れる。これを登るのだが、いったん沢沿いに直進すると、すぐに**天皇池** ➡マメ知識 のほとりに出る。

水面を覗き込むと、びっくりするくらい水が澄んでいて、この谷筋が「名水の森」と呼ばれる所以がわかる。須磨離宮公園が、かつて皇室の「武庫離宮」であった時代に水源として利用するために造られたそうだが、稜線からの距離が短いにもかかわらず、これだけきれいな水が得られるのは花崗岩に磨かれたおかげな

のだろうか。

分岐へ戻り、尾根へ向かって登り始める。標高差50mほど登ると、離宮公園への道が左手へ分かれ、そのまま尾根上を登り詰めると、栂尾山へ。山頂には木製の展望デッキがあり、海が見下ろせる。右手には明石海峡、左手には神戸の街並みから大阪湾までが一望できる。

ここから先はメジャーコースの全山縦走路になるため、人通りも多

マメ知識
天皇池の秘密

名水の森の「天皇池」は、武庫離宮に良質な水を供給するため、須磨アルプスの山から流れ落ちる天井川の水をせき止めて造られたもの。池の東側に、上流側と下流側をつなぐ古いトンネルがあるが、大雨が降った時に土砂が混じった水が池に流入しないように迂回させるために造られたと推定されている。離宮公園内にあるトンネルと非常によく似ているので、見比べてみよう。

栂尾山の山頂からの眺め

透明度の高いきれいな水

離宮公園内にそっくりのトンネルがある

Advice

名水の森周辺は、迷路のように踏み跡が多く錯綜しているので道迷いに注意。天皇池からそのまま沢筋を登ると、栂尾山と横尾山の間に出る。天井川の右俣は馬の背の最低鞍部に出るが、こちらのコースは現在（2020年春）荒れていて、お勧めできない。

い。天井川左俣の鞍部を経て、ひと登りすると、須磨アルプスの最高峰（とは言え、わずか312m）の横尾山。三角点がある小さなピークだが、景観伐採で眺めがよくなった場所のひとつだ。

横尾山を過ぎるといよいよ須磨アルプスの核心部、馬の背へ。風化花崗岩の痩せ尾根は、見るからにスリリングだが、注意深く進めばさほど難しくはない。足場の悪いところですれ違いや追い越しのないように、前後のハイカーにも気を配りながら、慎重に進もう。

「馬の背」はとても絵になるスポット

全山縦走路と、板宿方面の分岐点となる東山まで登ると、越えてきた馬の背あたりが一望できる。東山から板宿方面へは、分岐が多いが、道標がしっかりしている。住宅街のすぐ裏手の高台にある板宿八幡宮からは、狭くて複雑な路地を通るが、迷っても遭難はしないので、気楽に歩こう。

スポット情報

神戸市立須磨離宮公園

栂尾山麓「月見山」という景勝地にある82haの広大な公園。4000株のバラを植栽した欧風噴水庭園「王侯貴族のバラ園」、イングリッシュガーデン、和庭園や鑑賞温室などもあり、一年を通じて花や植物が楽しめる。元は皇室の「武庫離宮」で、明仁上皇の皇太子時代に、御成婚記念で神戸市に下賜された。

Data

地 形 図 ●須磨
アクセス●
往路／山陽電鉄月見山駅より徒歩。
復路／山陽電鉄・神戸市営地下鉄板宿駅。

5 ケーブル山上駅〜ブナの道〜心経岩・雲ヶ岩

コースタイム ケーブル山上駅 `15分` 記念碑台 `20分` 新池（ROKKO森の音ミュージアム）
`25分` 心経岩 `15分` アスレチックパーク前 `15分` 六甲ガーデンテラス

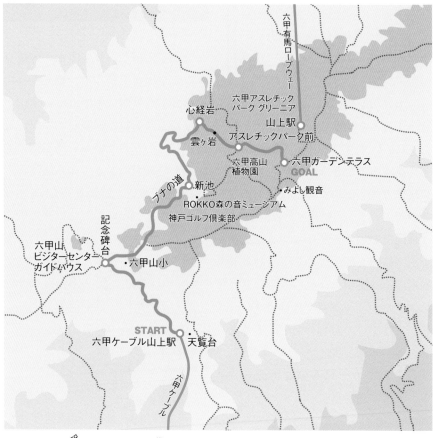

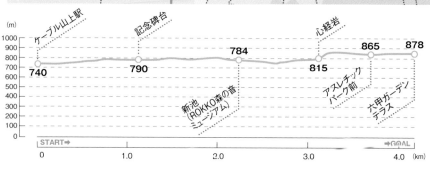

記念碑台交差点東側、石仏の横を右折する

ブナの道を下ると出会う新池。昔は氷を作っていた

標高888mの「六甲枝垂れ」が六甲ガーデンテラスのシンボル

　六甲ケーブル山上駅を起点に、自然や歴史を感じる面白いスポットを巡るショートコースをご紹介。山麓からのコースと組み合わせても（アイスロード・シュラインロード→P46　石切道・紅葉谷→P50）。

　ケーブル山上駅から左へ、車道を約1km登ると山上で唯一信号のある「記念碑台」交差点。北西側が兵庫県立六甲山ビジターセンターで、道路に面して分館のガイドハウス、階段上に本館がある（P11参照）。休憩適地で、眺望スポットでもあるので、ぜひ立ち寄って行こう。

　交差点を北東側に進み、約100m先を右へ曲がると、日本で唯一、児童がケーブルカー通学をしている神戸市立六甲山小学校。校区外からでも通学できる「小規模特認校制度」の適用校で、山上の自然豊かな環境を生かした特色ある教育方針が人気だ。秋、薪ストーブに初めて火を入れる行事をニュースで目にした人も少なくないと思う。

　小学校前を通過し、六甲全山縦走路が右に折れるT字分岐を直進。樹林の中に別荘が点在する静かなエリアで、ヴォーリズ六甲山荘もこの道沿いにある。右手にゴルフ場を見ながら進んでいくと、「ブナの道」の

グリーニアの中にある磐座「天穂日命の古代祭場」

八大龍王、花山法皇、熊野権現、仏眼上人が祀られる仰臥岩

スポット情報

ヴォーリズ六甲山荘

1934（昭和9）年にヴォーリズ建築事務所の設計で建築された別荘で、建物は国登録有形文化財、近代化産業遺産。例年、4月～11月中旬頃にかけての土日祝日に一般公開が行われる（有料）。ケーキセットやランチの提供もあり。

入口へ。六甲山に自生するブナから採取した種子を育成した株を植樹したエリアで、樹がまだ小さいので、葉っぱの観察などがしやすい。

下っていくと、新池のほとりへ。かつて六甲山上で氷を採取していた頃の製氷池のひとつで（P47参照）、当時、作業に使われていた小島が浮かんでいる。

イノシシ除けのゲートを出ると、ROKKO森の音ミュージアムの駐車場。左折し、駐車場出入口を左へ。

Advice

心経岩から雲ヶ岩の間は、はしごや階段があるが、不安定で傾いている段もあるので、一人ずつ間隔をあけて慎重に通過すること。

グリーニアの中にも磐座が鎮座しているので、利用する際にはぜひ見学しよう。かつて、前ヶ辻の北側に祀られていた「阪神稲荷」も同園に移設されている。

法道仙人ゆかりの「雲ヶ岩」

すっぱり割れた巨岩に般若心経が刻まれている

巨岩がご神体の「六甲比命大善神」

すぐ右手に分岐があるので、車道を横断して谷沿いに下る。舗装道を道なりに進み、2回出てくる分岐はどちらも右へ。やがて水道施設前を通過、別荘街から外れていく。

車が数台停められる広場から心経岩～雲ヶ岩へ続く登山道が始まる。石の階段を少し登ると、右手奥に心経岩が鎮座している。元の道に戻り、巨岩を見上げながら急なはしごを登ると六甲比命神社。さらに上に雲ヶ岩、頂上付近に仰臥岩がある。

仰臥岩から南へ続く踏み跡を下ると、別荘街の端に出て、直進するとグリーニアのすぐ西側へ。アスレチックパーク前バス停を東へ進むと、ほどなく六甲ガーデンテラスの入口。「自然体感展望台 六甲枝垂れ」をはじめ、複数のビュースポットとカフェやレストラン、雑貨店などが集まっている。景色を楽しみながらのんびりすごして、夜景を見ていくのもお勧めだ。

マメ知識
山上のパワースポット

心経岩・雲ヶ岩があるエリアは、巨岩や祠が点在し、一種のパワースポット的な雰囲気が漂っている。

心経岩
摩耶山天上寺を開いたとされる法道仙人の頃、岩に般若心経を刻んだものが、年月を経て風化し、1916（大正5）年に彫りなおしたのが現在の心経岩であるとか。

六甲比命大善神社
心経岩と雲ヶ岩の間にあり、巨大な岩（磐座）がご神体。「六甲比命講」の方々が周辺の整備などを手掛けておられ、近年歩きやすく手入れされている。

雲ヶ岩
天竺から渡来した法道仙人が、この地で修行中、紫の雲に乗った毘沙門天を感得したと伝わる。巨大な卵型の岩（紫雲賀岩）が真っ二つに割れており、西側の景色が眺望できる。

仰臥岩
雲ヶ岩からさらに登った小ピークにある磐座。上部が平らな巨岩と、その上に八大龍王、花山法皇、熊野権現、仏眼上人が祀られている。

「天穂日命」の磐座
グリーニアの中央池の東側、斜面の一番奥にある。この付近は古代の祭場・神籬（ひもろぎ）と伝わり、天照大御神の第二皇子である天穂日命を祀る。

Data

地形図●宝塚　有馬　神戸首部
アクセス●
往路／阪神御影・JR六甲道・阪急六甲駅から神戸市バス16系統、六甲ケーブルで山上駅へ。
復路／六甲ガーデンテラスから六甲山上バスでケーブル山上駅へ、または六甲有馬ロープウェーで有馬温泉へ。

登山の対象としての六甲山の魅力

　六甲最高峰は標高931m。1000m近い山が、大都市圏にあるのは、山岳国と言われる日本でも、ほかに例がありません。山上部は"準平原"で、比較的なだらかなため、別荘地や観光エリアとして開発されており、ドライブウェイも通っています。あくせく登ったら、ハイヒールの観光客が闊歩していてガッカリ…という声を聞くこともありますが、リスクヘッジの観点からは、山上に交通機関があるのはありがたいことです。登りで疲れ果ててもう歩けない、あるいは時間が遅くなって日暮れまでに下山できない、というような場合に、ケーブルやロープウェーで下山する選択肢があるのは事故防止につながります。交通機関を一部に組み込むことによって、プランニングの幅が広がることも大きなメリットです。

　「人工的な要素が少ない山」、より「自然度が高い山」の魅力はもちろん大きく、私自身、そういう山域を好むタイプでもあるのですが、日常的に通えて、いろんな使い方ができるという意味で、六甲山が近くにあることは本当に幸せだと思っています。

　その気になれば、途中でほぼ人に会わないマイナーコースをつないで一日歩くこともできるし、ちょっと時間が空いたときに、サクッと短時間で歩くこともできる。猛暑の夏には山上部のコースを選べば、天然クーラーの涼しい中で快適に過ごせるし、冬には手軽に雪景色が楽しめることも。2000mを超えるような高山だと、厳冬期には一般ハイカーは近寄りがたいものですが、六甲山ならそんなことはありません。四季折々、いろいろな楽しみ方が詰まっていて、365日、年中無休でデイリーに遊ばせてもらえる山、それが六甲山です。

4章

バリエーションルートに挑戦

六甲山には、気軽に歩けるコースも多い半面、
ある程度のスキルが必要なコースもあります。
岩場や滝、登山道として整備されていないマイナールート…
ほかのコースと組み合わせる、ごく短いものも紹介していますが、
いずれも六甲山の奥深さを感じていただける面白いルートです。
（ビギナーの方は経験者の方とご一緒に）

加藤文太郎が通った元祖全山縦走路

所要時間
30分（高倉台5丁目〜栂尾山）

※前後はP112参照

1 文太郎道

コースタイム 高倉台5丁目バス停（全山縦走路分岐）30分 栂尾山

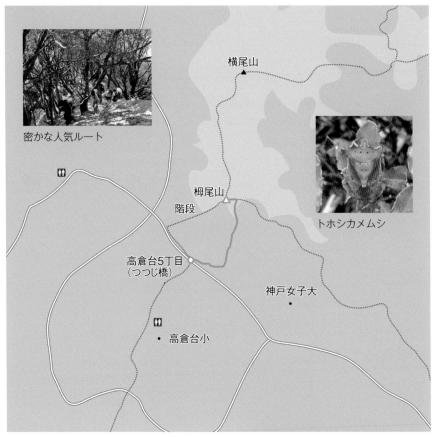

密かな人気ルート

横尾山

栂尾山

階段

トホシカメムシ

高倉台5丁目
（つつじ橋）

神戸女子大

高倉台小

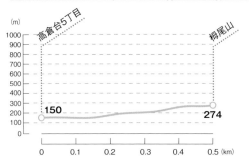

(m)
高倉台5丁目　　　　　　　　　　　　栂尾山

1000
900
800
700
600
500
400
300
200
100
0

150　　　　　　　　　　　　　　　　**274**

0　　0.1　　0.2　　0.3　　0.4　　0.5 (km)

トラロープがつけられている所も

傾斜が強く、岩場もある

隠れピークを越えたらあと少し

「六甲全山縦走」を誰が最初に成し遂げたのかははっきりしていないが、当初は現在歩かれている道とは多少異なっていたようだ。後年の宅地造成や道の整備などによって道筋が変わったためだが、須磨エリアには、「元六甲縦走路」とされる道がある。このあたりの造成が行われる前に使われていたルートではないかということで、加藤文太郎にちなんで「文太郎道」と呼ばれている。

現在の全山縦走路は、高倉台の住宅街を通り過ぎて、東側の陸橋（つつじ橋）を渡ったT字路を左折、水平道から通称「400段階段」へ向かう。文太郎道は、ここから分かれて、陸橋東詰めを右へ進む。車道と並行する法面上部の、草地の中に続くかす

Advice

表面がもろい風化花崗岩の滑りやすいところがあるので、足元には注意。数カ所にロープが設置してあるが、劣化している可能性もあるので、体重をかけないこと。

かな踏み跡を進んで行くと、小さな谷をひとつ越えて、南側の尾根へと登っていく。栂尾山の南東尾根に突き上げるまで、直線距離ではわずか250mほどの短い支尾根だが、その分傾斜は強い。風化花崗岩のザレた斜面や岩場が連続し、ちょっとしたアドベンチャー気分が楽しめる。離宮公園方面からの尾根道に合流すると、栂尾山頂まではすぐだ。「400段階段」よりは山らしくて好きだという声もよく聞く。

尾根に取りついたところにある手作り看板

Data

地形図●須磨
アクセス●
往路／JR・山陽電鉄塩屋駅、須磨駅から全山縦走路、最寄りは高倉台5丁目バス停。

急傾斜・展望抜群 摩耶山のショートカットルート

所要時間
2時間10分（王子公園駅－摩耶山掬星台）

② 摩耶山・行者尾根

コースタイム 阪急王子公園駅 `50分` 行者堂跡 `50分` 天狗道出合 `30分` 摩耶山掬星台

急峻な岩尾根

天狗道出合
天狗道
行者尾根
行者堂跡
老婆谷
青谷道
学校林道
青谷川
六甲観光茶園
妙光院
松蔭高・中
掬星台
摩耶山 ▲
星の駅
摩耶山史跡公園
摩耶ロープウェー
虹の駅
摩耶ケーブル
摩耶ケーブル駅
青谷橋
王子公園
王子公園駅

海を一望する眺めが楽しめる

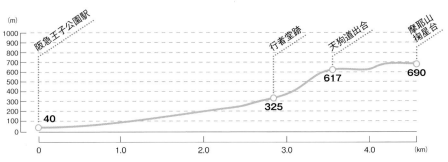

(m)

阪急王子公園駅 **40**　行者堂跡 **325**　天狗道出合 **617**　摩耶山掬星台 **690**

手足を駆使して登るパートも

霧がかかると深山幽谷のような景色に

摩耶山への登山道はたくさんあり、メジャーなコースとしては、全山縦走路でもある稲妻坂・天狗道、旧天上寺への参道として古くから使われてきた上野道と青谷道、かつて布引にあった滝勝寺と、兄弟寺とされていた天上寺を結ぶ旧摩耶道、生田川に沿って大きく北側へ迂回しながら登るトゥエンティクロス・桜谷道などが挙げられる。また、東面から登る山寺尾根、西側から登る黒岩尾根、マイナーではあるが、黒岩尾根と天狗道の間にある地蔵谷ルートも登山地図に掲載されている。

行者尾根は、青谷道からの派生ルートで、天狗道からの支尾根。標高差300mを一気に登る短いコースだが、眺望がよく、岩場が連続する

「三点支持」で登る

スリリングな登りが楽しめる。

青谷道と旧摩耶道の合流点に、かつて行者堂というお堂があったが、何年か前に取り壊された。このお堂跡から100mほど北西側へ入ると、右手に踏み跡が分かれ、小さなコル（峠）から尾根道へ入る。踏み跡は比較的明瞭で、尾根通しに登るため、尾根に取り付きさえすれば迷う心配はあまりない。ちょっとした岩場が何度か出てくるので、慎重に。登り詰めると、天狗道の途中、620mピークへ出る。

Data

地 形 図 ●神戸首部
アクセス●往路／阪急王子公園駅から徒歩。

4

バリエーションルートに挑戦

小滝の連続から風化花崗岩の迷路へ

所要時間
1時間30分（高座の滝～風吹岩）

③ 芦屋地獄谷

※風吹岩からはP68参照

コースタイム 高座の滝 `30分` 小便の滝 `45分` 万物相 `15分` 風吹岩

ロックガーデン中央稜から
万物相への案内板

高座の滝の上で中央稜と分
かれる

風化花崗岩の奇勝「万物相」

（m）

芦屋川駅　小便の滝　風吹岩

437

265

27

古くから岩登りのゲレンデだった
「ゲートロック」

Aケン付近と海が一望できる絶景

高座の滝から、ロックガーデン中央稜を挟んで反対側にあるのが地獄谷。万物相にかけて、ちょっとしたクライミング気分が楽しめるパートもあり、ある程度山慣れした人たちに人気がある。

「ゲートロック」と呼ばれる岩場の下から登り始め、小滝を次々と越えていく。どれも、よく見るときちんとステップがあってさほど難しくはないが、水量が多いときはシャワーを浴びながら登ることもある。濡れている上、水流に磨かれてつるつるになっているところもあるので注意深く。巻き道がついている滝もあるが、ほとんど直登できる。

「小便の滝」から本流と分かれて右の支流へ。ほぼ涸れた沢筋を遡ると、ほどなく**Aケン** ➡マメ知識 と呼ばれる岩壁の下へ出る。この付近は踏み跡が錯綜しており、迷路のようで楽しくもあるが、行き詰まって滑落などしないようルートファインディングをしっかりと。「山と高原

マメ知識
Aケン

「A懸垂岩」の略称で、古くから岩登りの練習に使われてきた。Bケン（B懸垂岩）、Cケン（C懸垂岩）は、崩壊して元の姿をとどめていない。万物相にあった「ピラーロック」も阪神・淡路大震災の時に倒壊した。

地図 六甲・摩耶」（昭文社）裏面のロックガーデン詳細図などを参考にしながら、「Bケン尾根」を辿り、「万物相」を目指す。風化花崗岩の岩塔がオブジェのように立ち並ぶ面白い場所で、眺望もよい。最終的にはロックガーデン中央稜の道に合流する。

Advice

小便の滝から万物相にかけては、枝道が網目のように錯綜している。事故が多発するエリアでもあり、滑落や道迷いをしないよう、注意深く行動してほしい。

//////// **Data** ////////

地形図●西宮
アクセス●往路／阪急芦屋川駅から徒歩。

4

バリエーションルートに挑戦

美しい滝が連続する深く静かな谷

所要時間
1時間35分（紅葉谷出合〜一軒茶屋）

4 白石谷〜最高峰直下

※紅葉谷出合まではP50参照

コースタイム 紅葉谷出合 `45分` 白竜滝 `45分` 魚屋道出合 `5分` 一軒茶屋

※一軒茶屋からはP68参照

※2022年7月現在、白石谷は部分的に崩落、危険な場所あり

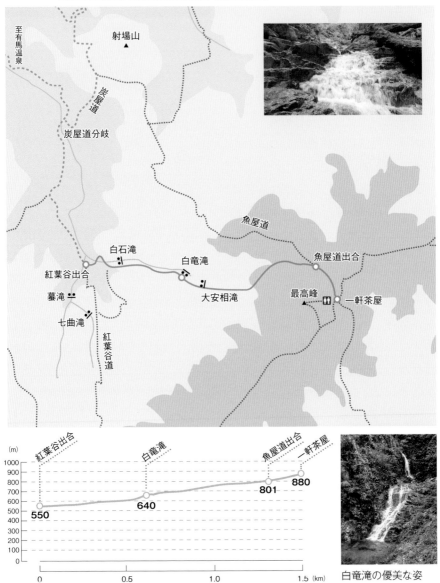

白竜滝の優美な姿

102

8月頃に咲くイワタバコの花

流れに沿って涼しい遡行を楽しむ

マメ知識
アイスガーデン

有馬川上流、右俣側の支流域に点在する「有馬四十八滝」が結氷すると「アイスガーデン」が出現。氷瀑の発達には、氷点下の冷え込みが10日以上続くことが必要だそうで、近年は温暖化のせいか、完全凍結は珍しい。

アイスガーデンはハイカーに人気

有馬温泉と六甲山上を結ぶ登山道は、最高峰からの魚屋道と、ガーデンテラス付近からの紅葉谷道が一般的だが、この間に「紅葉谷出合」から最高峰直下へ突き上げる白石谷が流れている。

標高約550mの「出合」から、最高峰の北側、魚屋道の「六甲越」まで、水平距離ではわずか1.4kmほどの沢筋だが、白石滝、白竜滝、大安相滝といった滝が連続する沢歩きのルートだ。滝はいずれも巻き道があるが、水量が多めのときにはローカットシューズだと濡れることがあるかもしれない。沢登り用の靴なら、水流の中をザバザバと歩けるので夏場は涼しい。両側から岩壁が迫る「ゴルジュ（廊下）」のような地形あり、緩い傾斜の岩の上を一面に水流が洗う「ナメ滝」のようなところもあり。

巻き道などでルートファインディングの能力が試される場面もある。

数年前に最高峰周辺の景観伐採が行われたときに、白石谷の上部から最高峰へ突き上げる踏み跡がササ薮の中でよく目立つようになってから、魚屋道を経由せず、直接山頂へ登る人が増えたように思う。

Advice

悪天時、増水時は当然ながら、上流部でゲリラ豪雨が降りそうな気象条件のときも避けた方がよい。また、ほとんど携帯電話圏外なので、万一事故が起きても救助要請は困難。単独で行動不能に陥ると致命的なので、ソロで入谷するのは避けるべき。

//////// Data ////////

地形図●有馬
アクセス●往路／有馬温泉バス停、または神鉄・有馬温泉駅から徒歩。

大破砕帯の奇景からササ薮の尾根へ

所要時間
2時間35分（白水峡墓園前－一軒茶屋）

※一軒茶屋からはP68参照

5 白水山

コースタイム 白水峡墓園前バス停 `1時間30分` 白水山 `50分` 旧車道 `15分` 一軒茶屋

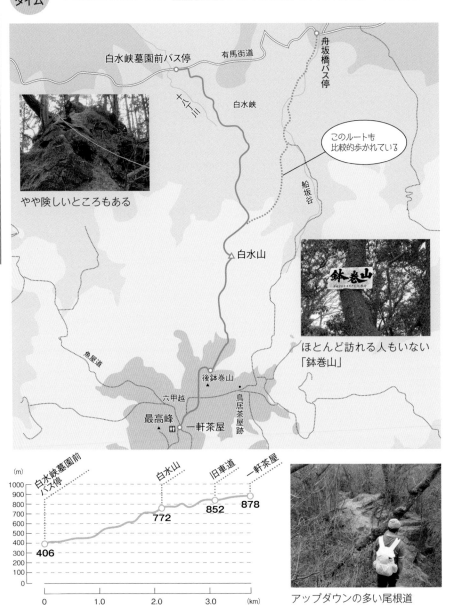

やや険しいところもある

このルートも
比較的歩かれている

△ 白水山

ほとんど訪れる人もいない
「鉢巻山」

アップダウンの多い尾根道

眺望のない地味な白水山のピーク

　六甲山北面、船坂谷の西側にある山で、山麓には蓬莱峡と並ぶ大破砕帯の白水峡が広がる。いくつかのルートがあるが、船坂谷側と、十八丁川側からの2ルートが比較的よく歩かれているようだ。ここでは、白水峡の奇景が眺められる十八丁川側からのコースを紹介する。

　白水峡墓園前バス停の約100m東から尾根の末端に取りつく。はじめのうちは傾斜も緩く、のどかな感じの尾根道だが、標高450m付近から左側が切れ落ちた崖になり、荒々しい**白水峡** ➡マメ知識 の奇景がところどころで見下ろせる。"ショッカー"

マメ知識
白水峡

　白水峡では、昭和の子どもたちのヒーロー、『仮面ライダー』のロケが行われたことがある。神戸と有馬・六甲山が舞台となった第71話で、蓬莱峡と白水峡でアクションシーンの撮影が行われた。

異界のモノが出てきそうな白水峡の奇景

Advice ➡ コバノミツバツツジが咲く3月下旬頃から、イワカガミやチゴユリが咲く5月中旬頃にかけてがお勧め。コース半ば以降はササ薮が深いので、初夏から秋にかけてのマダニが活動する季節は、防御対策を忘れずに。

が隠れていそうな、独特の雰囲気だ。標高500mあたりからは深い樹林の中の急登になる。いくつか名もない小ピークを越えて、標高700mピークで船坂谷からの尾根道が合流してくる。小さなコルを経て、登り返すと標高771.7mの白水山。眺望はなく、三角点がぽつんとあるだけの地味なピークだ。

　さらに、急なアップダウンを繰り返しながら標高を上げていき、最後は後鉢巻山北側の旧車道へ飛び出す。すぐ西隣の十八丁尾根と組み合わせると、タフでマニアックなルートに。植物が茂って自然に還りつつある旧車道を西へ進むと、ドライブウェイに出て、全山縦走路に合流。最高峰直下の一軒茶屋までは一息だ。

Data

地 形 図 ●宝塚
アクセス●往路／阪神西宮・JRさくら夙川・阪急夙川駅からさくらやまなみバスで白水峡墓苑前（十八丁橋）バス停下車。宝塚駅からは阪急バス有馬温泉行きに乗車。

東六甲・譲葉山北面のマイナールート

所要時間
2時間30分

⑥ 赤子谷

コースタイム　生瀬駅 `20分` 林道終点 `15分` 右俣左俣分岐 `45分`
東六甲縦走路（譲葉山付近） `30分` 塩尾寺 `40分` 宝塚駅

炭焼き窯跡と思われる
石積み

左俣のツメの南側からの眺望

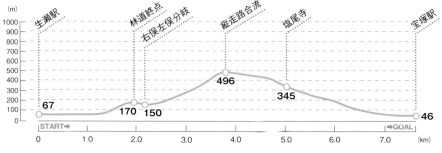

水路道はJRのトンネル上を通る

ほぼ水平な水路に沿った静かな道

小さな流れを何度か渡りながら登る右俣

太多田川の支流で、東六甲のマイナーピーク、譲葉山へ突き上げる赤子谷。比較的傾斜が緩い右俣、滝や、両側に岩壁がそそり立つ「ゴルジュ」のある左俣、間の尾根道も含め、数多くの踏み跡があって、マイナールート好きのハイカーには密かな人気がある。

生瀬駅を出て西へ。すぐにT字路があり、南へ向かう坂道を登っていく。一つ目のT字分岐を右へ。新しく開かれた住宅街の中を道なりに進むと、やがて水路道に出合う。古くからある水路沿いの水平道で、緑陰の歩きやすい散策路となっている。集落の裏手を過ぎて、車道に出たら左折して南へ。その先で、フェンスで車道が閉鎖されているところがあるので、手前を左折し、いったん沢沿いの踏み跡に入って上流側で再び車道に合流する。そのまま沢沿いに遡って行くと、ほどなく右俣・左俣の分岐へ。右へ進み、尾根を乗り越えて右俣へ入る。尾根までは岩原山方面への踏み跡などが分岐しているので、地図をしっかり確認しよう。右俣は滝もなく、特に危険な箇所はないが、ある程度の読図力が試されるルートだ。踏み跡を外さないように辿っていくと、やがて東六甲縦走路に飛び出す。

Data

地 形 図 ●宝塚
アクセス●往路／JR宝塚線（福知山線）
生瀬駅から徒歩。

六甲山で楽しめるさまざまなアクティビティ

　六甲山で楽しめるのは、山歩きだけではありません。登山に次ぐ人気になってきた感のあるトレイルランニング。軽装備で、軽やかにトレイルを走っています。山頂部まで、ロードバイクで急なドライブウェイを登ってくるチームもいますし、マウンテンバイクで登山道を走っている方と会うこともあります。

　ハイカーとしては、ダウンヒルのマウンテンバイクがすっ飛んでくるのはけっこう怖いのですが、マナーがきちんとしたライダーは心得ていて、ハイカーの姿を見ると、バイクから下りて笑顔で挨拶をしてくれることがほとんどです。また、疾走したいライダーは、人のあまりいないエリアを選ぶとともに、早朝や日暮れ前など、ハイカーがいない時間に走るそうです。

　六甲山には、ロッククライミングが楽しめる岩場もあります。六甲ケーブル山上駅からほど近い堡塁岩では、ロープを使ったクライミング、東六甲の丘陵地にある北山公園ではボルダリングが盛んです。北側斜面の蓬莱峡では、アルパインクライミングの練習が行われています。

　また、あまり長い沢はないのですが、小滝が連続する急峻な沢が多いので、ちょっとした沢登りを楽しむこともできます。

　それぞれ遊び方が違い、価値観も異なるため、時として摩擦が生じることもないわけではありませんが、同じ「六甲山」というフィールドを愛する者同士。ほかのアクティビティに対するリスペクトを忘れず、お互いに気持ちよく山を楽しめるよう、出会えば挨拶をする、お互いに邪魔にならないように配慮する、そして六甲山の貴重な自然環境を守っていくために、力を合わせていけたらと願っています。

5章

憧れの「六甲全山縦走」

東西に長い六甲山の西端から東端まで、
全長約45kmのトレイルを縦走する「ゼンジュウ」は多くのハイカーの憧れ。
この章では、分割チャレンジからスルーハイクまで、
いろいろなスタイルで歩けるように、コースの概略と途中の交通アクセス、
トイレや補給の情報を盛り込んでいます。
体力レベルに合わせて、楽しみながら挑戦してください。

六甲全山縦走路について

　東西に細長い六甲山地は、海から立ち上がる西端の須磨エリア、標高400m台の菊水山・鍋蓋山・再度山、全山縦走コースでもっとも厳しい登りと言われている稲妻坂・天狗道から標高700mの摩耶山にかけて、そして標高800m前後の山頂部を越えて、最も高い931mの六甲最高峰へ。

　距離に関しては、長年「56km」とされてきたが、実測距離は45kmに満たない。それでも、一般的には12～18時間かかるとされるタフなロングコースで、一日で歩き通すと、大きな達成感が得られる。

　まずは、足慣らしと下見を兼ねて、何回かに分けて歩いてみて、最終的にスルーハイクにチャレンジするのがお勧めだ。

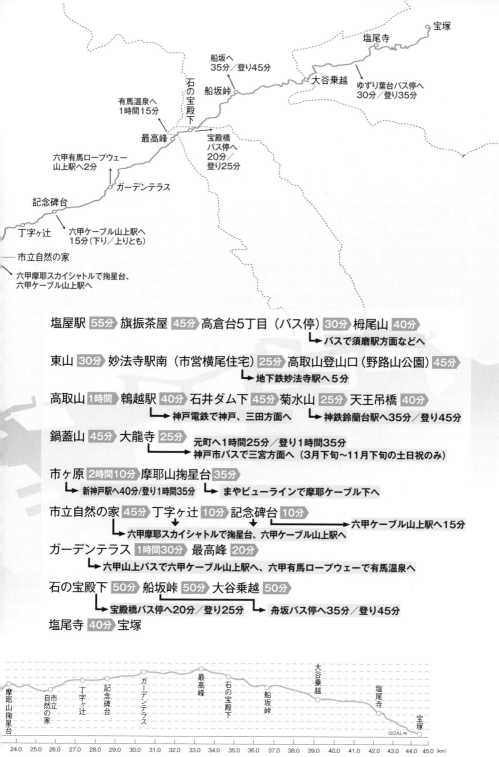

宝塚

塩尾寺

船坂へ
35分／登り45分

大谷乗越

ゆずり葉台バス停へ
30分／登り35分

船坂峠

石の宝殿下

有馬温泉へ
1時間15分

最高峰

宝殿橋
バス停へ
20分／
登り25分

六甲有馬ロープウェー
山上駅へ2分

ガーデンテラス

記念碑台

丁字ヶ辻

六甲ケーブル山上駅へ
15分（下り／上りとも）

市立自然の家

六甲摩耶スカイシャトルで掬星台、
六甲ケーブル山上駅へ

塩屋駅 `55分` 旗振茶屋 `45分` 高倉台5丁目（バス停） `30分` 栂尾山 `40分`
⤷ バスで須磨駅方面などへ

東山 `30分` 妙法寺駅南（市営横尾住宅） `25分` 高取山登山口（野路山公園） `45分`
⤷ 地下鉄妙法寺駅へ5分

高取山 `1時間` 鵯越駅 `40分` 石井ダム下 `45分` 菊水山 `25分` 天王吊橋 `40分`
⤷ 神戸電鉄で神戸、三田方面へ　⤷ 神鉄鈴蘭台駅へ35分／登り45分

鍋蓋山 `45分` 大龍寺 `25分`
⤷ 元町へ1時間25分／登り1時間35分
⤷ 神戸市バスで三宮方面へ（3月下旬〜11月下旬の土日祝のみ）

市ヶ原 `2時間10分` 摩耶山掬星台 `35分`
⤷ 新神戸駅へ40分／登り1時間35分　⤷ まやビューラインで摩耶ケーブル下へ

市立自然の家 `45分` 丁字ヶ辻 `10分` 記念碑台 `10分`
⤷ 六甲摩耶スカイシャトルで掬星台、六甲ケーブル山上駅へ　⤷ 六甲ケーブル山上駅へ15分

ガーデンテラス `1時間30分` 最高峰 `20分`
⤷ 六甲山上バスで六甲ケーブル山上駅へ、六甲有馬ロープウェーで有馬温泉へ

石の宝殿下 `50分` 船坂峠 `50分` 大谷乗越 `50分`
⤷ 宝殿橋バス停へ20分／登り25分　⤷ 舟坂バス停へ35分／登り45分

塩尾寺 `40分` 宝塚

摩耶山掬星台　市立自然の家　丁字ヶ辻　記念碑台　ガーデンテラス　最高峰　石の宝殿下　船坂峠　大谷乗越　塩尾寺　宝塚　GOAL➡

24.0 25.0 26.0 27.0 28.0 29.0 30.0 31.0 32.0 33.0 34.0 35.0 36.0 37.0 38.0 39.0 40.0 41.0 42.0 43.0 44.0 45.0 (km)

海を見下ろす風光明媚な眺めと「須磨アルプス」のスリルを楽しむ

① ◢◣ 塩屋～妙法寺

コース タイム 塩屋駅 [55分] 旗振茶屋 [45分] 高倉台5丁目（バス停） [30分] 栂尾山 [40分] 東山 [30分] 妙法寺駅南（市営横尾住宅）

➥ 地下鉄妙法寺駅へ5分

塩屋駅
塩屋駅

毘沙門堂前

駅前から「毘沙門天」の石の道標に従い、狭い路地のレトロな商店街へ

毘沙門堂前を過ぎるとまもなく山道に入る。緩やかな階段道だが、はじめはゆっくりペースで

旗振茶屋

鉄拐山分岐

おらが茶屋

南西に明石海峡、南東に神戸港と空港が見える絶景スポット。摂津と播磨の国境でもある

前方三方向に道が分かれる。左へ進むと水平道、真ん中の道は鉄拐山のピークを通る

2階が茶屋、屋上が展望台になっている。明石海峡、播磨灘、これから登る山々が一望

高倉台

高倉台5丁目

長い階段を下りたら右折、すぐの陸橋を渡ると高倉団地。早朝は特に静かに

陸橋を渡って左へ。陸橋下の道路沿いにバス停あり

高倉台5丁目
（須磨一ノ谷方面）
スーパー
おらが茶屋
高倉山トンネル
鉄拐山
旗振茶屋
旗振山
須磨浦山上遊園
須磨浦公園
ふんすいランド
毘沙門堂前
鉢伏山
須磨浦
ロープウェイ
須磨浦観光リフト
須磨浦公園駅

山陽 塩屋駅

全山縦走大会はこちらがスタート地点。塩屋駅は駅前に広場がないため

[　] のエリアは市街地を表しています。

START
JR塩屋駅

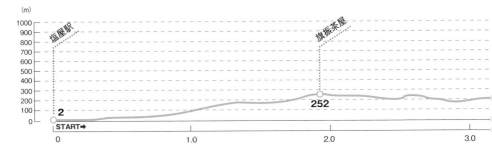

妙法寺小

荒熊神社

月見茶屋

安井茶屋

高取山▲

妙法寺駅

妙法寺

奥妙法寺（妙法寺駅／新長田）

コンビニ

妙法寺第1トンネル

地下鉄妙法寺駅へ
5分

高取神社

鷹取団地前
バス停まで
20分

横尾山へ
⑪
⑫ ⑬
馬の背
東山

⑩
栂尾山

「文太郎道」
（P96）は
ここを右へ

茶屋が開いていれば
モーニングセットが
いただける

板宿駅

JR新長田駅

JR須磨駅

Point

須磨の山はいずれも標高が低いものの、海が近く明るい雰囲気。住宅街のすぐ裏手ながら、「馬の背」のような迫力ある景色も。

⑨ 高倉階段
通称400段階段。ここより下部に50段ある。途中から背後を振り返ると淡路島が見える

⑩ 栂尾山
木製の展望台あり。播磨灘から淡路島、神戸の市街地が一望できる

⑪ 横尾山
三角点がある小さな山頂。ここを過ぎると、いよいよ馬の背の岩場ゾーンへ入る

⑫ 馬の背
風化花崗岩の痩せ尾根。幅の狭い箇所もあるので、すれ違いには注意を

⑬ 東山
北東側へ下る全山縦走路と、南東側へ下る道の分岐で、休憩適地

六甲縦走路

⑭ 妙法寺駅南（市営横尾住宅）
ピンクの外壁の団地の裏手へ。道の右側に道標あり

高倉台5丁目
（バス停）

栂尾山

東山

妙法寺駅南
（市営横尾住宅）

150

274

250

90

4.0

5.0

6.0

(km)

5 絶景の高取山から住宅街の迷路を突破し、激登りの菊水山へ

②✕ 妙法寺〜菊水山

コースタイム

妙法寺駅南（市営横尾住宅）25分 高取山登山口（野路山公園）45分
↳ 地下鉄妙法寺駅へ5分

高取山 1時間 鵯越駅 40分 石井ダム下 45分 菊水山
↳ 鷹取団地前バス停まで20分／登り25分 ↳ 神鉄鈴蘭台駅へ35分／登り45分

阪神高速31号妙法寺
第1トンネル

団地の裏手から、長い階段道で高速道路の下をくぐる

妙法寺

天平年間に行基が開き、聖武天皇・高倉天皇の勅願所ともなった由緒ある古刹

池町分岐

妙法寺小学校を通り過ぎ、車道が右へカーブするあたりの巨木を目印に右折

池ノ谷分岐

児童公園を過ぎ、左手の看板に導かれて野路山公園へ

野路山公園

公園の手前を右へ進むと、山道へ入る

荒熊神社

2つあるピークのうちの西側には荒熊神社があり、境内に三角点もある。

月見茶屋は手作りの餃子が名物

雨のあとは道が水没していることも

社殿左側から淡路島が見える

妙法寺小

妙法寺
卍

妙法寺駅

地下鉄妙法寺駅へ
5分

① 奥妙法寺（妙法寺駅／新長田）
□ コンビニ

妙法寺第1トンネル

高取山登山口

荒熊神社

高取山

安井茶屋
月見茶屋

高取神社

20分
鷹取団地前バス停まで
登り25分

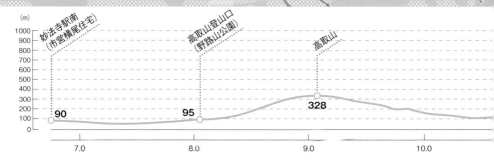

（m）
妙法寺駅南
（市営横尾住宅）

高取山登山口
（野路山公園）

高取山

90   **95**   **328**

7.0   8.0   9.0   10.0

114

神鉄鈴蘭台駅へ
35分／登り45分

△菊水山

石井ダム

石井ダム下
12

下水処理場

11

鵯越駅
10

商店

烏原貯水池

神鉄丸山駅へ
5分

丸山駅
9

安井茶屋・広場

Point

茶屋と神社、祠が点在する高取山、意外と長い住宅街を通り抜け、標高差300m近くを一気に登る菊水山へ。山頂からの景色は最高。

⑦ **高取山頂**
高取神社奥宮の裏手が最も高い328mの山頂で、たくさんの祠がある

⑧ **広場**
月見茶屋、安井茶屋を過ぎると左手にトイレのある広場があり、その奥から下り道へ

⑨ **住宅街の標識**
住宅街の複雑な道を進むが、電柱等につけられている道標が頼りになる

⑩ **鵯越駅**
神戸電鉄鵯越駅の右手の小道を進む。駅近くには商店が1軒ある

⑪ **下水処理場**
烏原川沿いの道に入り、山麓バイパスの橋をくぐって下水処理場に沿って進む

⑫ **石井ダム下**
石井ダム下流の橋を渡り、菊水山トンネルに入る神鉄線を跨ぎ越すと急登が始まる

鵯越駅　石井ダム下　菊水山

459

130　168

12.0　13.0　14.0　15.0 (km)

激しいアップダウンが連続、最もハードな核心エリア

③ ▶ 菊水山〜市立自然の家

コースタイム

菊水山 [25分] 天王吊橋 [40分] 鍋蓋山 [45分] 大龍寺 [25分]
　　┗▶神鉄鈴蘭台駅へ35分／登り45分　　　　　　　　┗▶大師道で諏訪山公園下へ
　　　　　　　　　　　　　　　　　　　　　　　　　　　　1時間25分／登り1時間35分

市ヶ原 [2時間10分] 摩耶山掬星台 [35分] 市立自然の家
　　┗▶新神戸駅へ40分／登り1時間35分

菊水山
標高458.8mの菊水山は絶景スポット。大会の時は最初のチェックポイント

城ヶ越の急坂
菊水山からの下りは急な痩せ尾根で、2018年の豪雨被害で崩れた部分もある

天王吊橋
菊水山・鍋蓋山間の最低地点が有馬街道（国道428号）にかかる天王吊橋

鍋蓋山
標高486m、菊水山からだと、200m下って230mの登りとなるため、案外こたえる

大龍寺分岐
再度越分岐を過ぎて、この看板から左へ入ると大龍寺の境内を通れる

市ヶ原
大龍寺山門からドライブウェイを渡り、再度東谷を下って市ヶ原へ

修法ヶ原池

再度山

大竜寺バス停、三宮方面
（3月下旬〜11月下旬の土日祝日のみ運行）

大龍寺

善助茶屋跡

大龍寺山門前

大師道で諏訪山公園下へ
1時間25分
登り1時間35分

鍋蓋山
④

天王吊橋
③

②

神鉄鈴蘭台駅へ
35分／
登り45分

菊水山
①

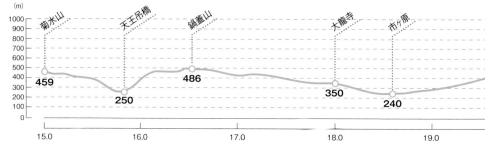
(m)

菊水山　　天王吊橋　　鍋蓋山　　　　　　大龍寺　　市ヶ原

459　　　　　250　　　　486　　　　　　350　　　　240

15.0　　　16.0　　　17.0　　　18.0　　　19.0

市立自然の家

自然の家前
（六甲摩耶スカイシャトル）

穂高湖

距離は長くなるが、下りが苦手な方は車道を行く方が楽かも？

杣谷峠

摩耶別山

摩耶山天上寺●

⑪ アゴニー坂

⑩ オテル・ド・摩耶（閉館中）

カフェの「コタツ」に入ってしまうと戦意喪失するので注意

まやビューライン

⑨ 掬星台

星の駅

摩耶山

摩耶ロープウェー

史跡公園●
大杉さん●

摩耶ケーブル

天狗道

稲妻坂

⑧

⑦

世継山

桜茶屋

市ヶ原

あけぼのの茶屋跡

神戸布引ハーブ園

新神戸駅へ
40分
登り1時間

神戸布引ロープウェイ

布引貯水池

Point

激下りから再び激登りの鍋蓋山を過ぎるとしばらくはのどかなトレイル。市ヶ原を過ぎると、ゼンジュウで最もきついと言われる摩耶山への登り。

⑦ 稲妻坂分岐

トゥエンティクロスと分かれ、標高差400mの全山縦走路で最大級の登りへ

⑧ 学校林道分岐

標高555m、市ヶ原ー摩耶山のほぼ中間点。この先もアップダウンが多い

⑨ 摩耶山掬星台

第2チェックポイント。リタイアできるポイントでもある。カフェで元気補給も可

⑩ オテル・ド・摩耶

（閉館中）

⑪ アゴニー坂

標高差約70mを一気に下る急坂。途中で六甲山牧場の赤い屋根が見える

⑫ 市立自然の家

ここから上のドライブウェイまで急な階段の登りが始まる

摩耶山掬星台

市立自然の家

685

618

21.0　22.0　23.0　24.0　(km)

さまざまな施設がある"準平原"の山上部を通り抜けて東六甲へ

◢◣ 市立自然の家～石の宝殿

**コース
タイム**

市立自然の家 45分 丁字ヶ辻 10分 記念碑台 10分

┗→ 六甲ケーブル山上駅へ15分（下り／登りとも）

ガーデンテラス 1時間30分 最高峰 20分 石の宝殿下

┗→ 六甲有馬ロープウェー山上駅へ2分 ┗→ 宝殿橋バス停へ20分／登り25分

**三国池南
（ドライブウェイ）**

車道を渡り別荘街の中の道へ。ここを右折して車道に沿って丁字ヶ辻へも行ける

丁字ヶ辻

表六甲ドライブウェイとのT字路になっている。ここからしばらく車道沿いの道へ

ホテル神戸六甲迎賓館

1階にカフェテリア、売店あり。東隣の藤原商店でも食料や飲み物が買える

記念碑台

記念碑台交差点に面して六甲山ガイドハウス、一段上にビジターセンターがある

ゴルフ場

日本初のゴルフ場である神戸ゴルフ倶楽部の中を通り抜ける

ROKKO森の音
ミュージアム

神戸ゴルフ倶楽部
六甲山ゴルフ場

六甲山ビジターセンター
ガイドハウス

記念碑台（六甲山上バス） ● 六甲山小

六甲山サイレンス
リゾート

白髭神社

前ヶ辻
商店

六甲ケーブル山上駅へ
15分（下り 上りとも）

六甲ケーブル
山上駅

三国岩

三国池
（六甲摩耶スカイシャトル）

丁字ヶ辻
❷

丁字ヶ辻（六甲摩耶スカイシャトル）
六甲ケーブル山上駅／摩耶山掬星台へ

❶

六甲ケーブル

ビジターセンター前には大きな東屋があって、悪天時には助かる

市立自然の家前
（六甲摩耶スカイシャトル）

市立自然の家

穂高湖

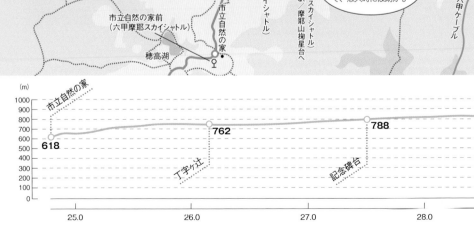

有馬温泉へ
1時間15分

鳥居茶屋跡

後鉢巻山

魚屋道

⑪

宝殿橋バス停
（芦屋川、有馬へ）

石の宝殿下 宝殿橋バス停へ
20分／登り25分

六甲山最高峰

⑨ ▲

⑩

蛇谷北山

1日4便、土日祝日のみ。
12〜3月は運休。
運行時刻等は要確認

日陰がなくて、夏
場は休憩には暑い

東屋から左へ入る
と、米軍接収時の
「最高峰」の碑へ

⑧

一見車道の方が楽そう
に見えるが、登山道の
方が距離が短い

宝塚まであと3時間30
分。時間を考えて無理
そうなら有馬へ

六甲有馬ロープウェー

極楽茶屋跡

⑦

西おたふく山

六甲アスレチック
パーク グリーニア

山頂駅

ガーデンテラス
六甲枝垂れ

⑥

六甲有馬ロープウェー
山上駅へ2分

見晴らしの塔

商店
カフェ・レストラン

六甲高山
植物園

みよし観音

この先はエスケープが
たいへんになるので、
進退の判断はここで

Point

別荘街から商業施設が立ち並ぶエリアへ。食事や買い物もできるが、何かと誘惑の多い危険ゾーンでもある。ガーデンテラスで進退の決断を。

⑥ ガーデンテラス
カフェ、ショップ、フードテラスなどが集まる商業エリア。食事を摂ったり、行動食の補給も

⑦ 極楽茶屋跡
紅葉谷道との分岐。ここからは車道と何度か交差しながらつかず離れず

⑧ 最高峰直下
最後の長い階段を登り詰めると、一軒茶屋からの道と合流、東屋あり

⑨ 最高峰
眺望伐採で360℃景色が見えるように。一等三角点がある

⑩ 一軒茶屋
ここを過ぎると宝塚まで自販機もトイレもない

⑪ 石の宝殿下
鳥居をくぐって登ると石の宝殿。全山縦走路は車道を進む

878 ガーデンテラス

931 最高峰

864 石の宝殿下

9.0　　　　30.0　　　　31.0　　　　32.0　　　　33.0 (km)

5 クライマックスの最高峰を越え、ゴールを目指して大下り

5 石の宝殿下〜宝塚

コースタイム

石の宝殿下 `50分` 船坂峠 `50分` 大谷乗越 `50分`
┗ 舟坂バス停へ35分／登り45分

塩尾寺 `40分` 宝塚

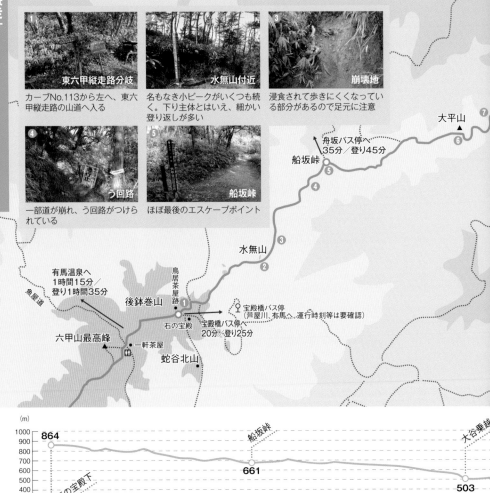

① 東六甲縦走路分岐
カーブNo.113から左へ、東六甲縦走路の山道へ入る

② 水無山付近
名もなき小ピークがいくつも続く。下り主体とはいえ、細かい登り返しが多い

③ 崩壊地
浸食されて歩きにくくなっている部分があるので足元に注意

④ う回路
一部道が崩れ、う回路がつけられている

⑤ 船坂峠
ほぼ最後のエスケープポイント

大平山 ▲ ⑦

⑥

舟坂バス停へ
35分／登り45分

船坂峠 ⑤
④

水無山 ③
②

有馬温泉へ
1時間15分／
登り1時間35分

魚屋道

後鉢巻山

鳥居茶屋跡
①

宝殿橋バス停
(芦屋川、有馬へ。運行時刻等は要確認)

六甲山最高峰 ▲
一軒茶屋

石の宝殿

宝殿橋バス停へ
20分／登り25分

蛇谷北山

(m)
```
1000
 900  864
 800
 700              船坂峠
 600              661
 500                        503
 400
 300
 200
 100
   0
      石の宝殿下                        大谷乗越

  33.0    34.0    35.0    36.0    37.0    38.0
```

Point

東六甲縦走路は、全山縦走路の中では珍しくマイナーイメージ。ふだんはさほど人が多くない静かなエリアだが、長い下りは意外とこたえる。

JR宝塚駅

阪急宝塚駅 GOAL

宝来橋

武庫川

疲れた足には急傾斜がこたえるので足運びに注意

甲子園大

砂山権現

岩倉山

岩原山

譲葉山

ゆずり葉台バス停へ
30分／登り35分

大谷乗越

塩尾寺まであと50分、宝塚駅まで1時間半！

階段のショートカット道があるが、かなり急

⑥ 大平山
いったん舗装道へ出る。一般車両は入って来ない道なので歩きやすい

⑦ 山道分岐
右側に縦走路が分岐する。標識と小さな階段を見落とさないように

⑧ 大谷乗越
急な石階段を下ると大谷乗越。車道を横断し、最終パートへ

⑨ 岩原山分岐
道標から左へ登ると宝塚市の最高峰岩原山。片道10分ほどだが展望はない

⑩ ゆずり葉台分岐
最寄のバス停まで30分。塩尾寺まで20分。宝塚ゴールまでは1時間

⑪ 岩倉山西側展望所
送電線の下を右側へ5mほど登ると、南側の絶景が広がる眺望スポット

⑫ 塩尾寺
塩尾寺の前から舗装道になる。傾斜がかなりきつい部分もある

⑬ 眺望スポット
北摂が一望できる眺望スポット。大会のときは多くの人がここから夜景を見る

塩尾寺　345

宝塚　46

40.0　41.0　42.0　43.0　44.0　45.0 (km)

全山縦走いまむかし

　無数の山々が連なる六甲連山を一日で歩き通す「六甲全山縦走」は、古来多くの登山愛好家が挑戦してきた。山岳会や山岳部の行事として歩かれることもあり、学校登山など教育の一環で行われることもあるようだ。フィジカルトレーニングで、あるいは精神力を鍛えるために、さらには、自分の体力レベルを確認するために時折歩いてみるという人もいる。

　記録が残っている一番古い事例は、1925（大正14）年11月29日、RCC（ロッククライミングクラブ＝日本初の岩登りをメインに活動した社会人山岳会）のメンバー3名によるもの。須磨の敦盛塚から宝塚まで14時間20分かけて踏破したことが書かれた新聞記事が残っている。

　兵庫県が輩出した"国宝的登山家"加藤文太郎も同年に全山縦走を行っている。朝5時に和田岬の宿舎を出た加藤は、全山縦走を終えたあと、そのまま市街地を歩いて午前2時に帰着したという。ただ、この記録は日付が残っておらず、RCCの記録とどちらが先なのかはわからないそうだ。

　全山縦走大会が行われるようになったのは大正時代の末頃のこと。一般公募で現在まで続いている大会は、神戸市主催で昭和50年から行われるようになった。毎年11月に2回実施されており、1回あたり約2000人が参加する六甲山の秋の風物詩となっている。

　朝の5時にスタートし、まだ真っ暗な中を登っていく。ゴールのはるか手前で日が沈み、宝塚の夜景を見ながらの下山。最後は"落ち武者"の行列のようになるが、完走率は80％を超えている。子どもから年配の方まで、決して体力自慢の人ばかりではなさそうに見えるが、"ゼンジュウマジック"で歩けてしまうのだ。

　神戸市主催の大会以外にも、兵庫県勤労者山岳連盟や、神戸ヒヨコ登山会などが主催する大会、往復、一往復半という設定もある「キャノンボールラン」というレースまである。

　個人でチャレンジする人も多いが、途中で何度も市街地を通過し、要所で交通機関が利用できるのがこのコースの大きな特徴。分割プランが組みやすいので、それぞれの体力や好みに合わせて、自由なスタイルでチャレンジしてみるのがよいと思う。

六甲山で始まった毎日登山

　明治の末頃、北野界隈に住んでいた外国人たちが、すぐ裏手にある再度山で始めた健康習慣が「毎日登山」の起源だとか。散歩がわりの登山が日課となり、茶屋に誰かが置いたサインブックに署名をする習慣が広まった。やがて元町や栄町、海岸通あたりで働く人たちも加わるようになって、今も市民の間で盛んに行われている毎日登山につながっていく。

　当時、大龍寺のすぐ近くに「善助茶屋」という茶屋があり、明治の末から大正、昭和の初期にかけて毎日登山の山仲間たちの社交場として賑わったという。現在は、「毎日登山発祥の地」の石碑が残る。

　神戸徒歩会、神戸鶏鳴徒歩会、神戸山登里会など登山会が次々と発足し、多くの市民が日常的に登山に親しむようになったのは、六甲山が街からすぐの身近な山だからこそ。

　毎日登山の会では、各地に拠点があり、登山回数を記録、集計している。1万回を達成した人も多く、大龍寺の参道に設置された銘板に名前が刻まれている。「神戸ヒヨコ登山会」は現在も多くの会員がいて、地域活動の場としても重要な役割を果たしている。

　神戸大学などの研究者グループの調査によると、毎日登山を実践している高齢者と、一般の同年齢層の人を比較すると、身体機能にも精神面でも、大きな差があった。調査が行われたのは神戸大学近くの一王山で、「登山」というほどでもない短い坂道を登って、寺の境内で独自の体操を実施しているが、被験者からは「体調がよくなった」「毎日が楽しい」などの声が多く聞かれたそうだ。

　登山会に入会しなくても、「毎日」でなくても、山を歩く習慣は、健康維持に役立つ。六甲山を歩いて、健康な毎日を楽しもう。

【神戸ヒヨコ登山会】
1922（大正11）年創立、2022年には100周年を迎えた歴史ある登山会。旗振・高取・再度・布引・一王山・保久良・唐櫃の7つの支部で構成され、毎日登山以外にも各地の山へ登る「例会」も行われている。登山道整備などにも取り組んでおり、六甲山を守る大きな力となっている。

六甲山の茶屋

「六甲全山縦走」「毎日登山」と並んで、六甲名物の一つが「茶屋」。山歩きの途中で一服するために立ち寄るだけでなく、茶屋そのものが目的で歩いてくる人も多い。飲み物や軽食を提供するだけではなく、輪投げや卓球、書道、詩吟などの活動の場、地域のコミュニティとして機能しているところも。

山の茶屋と言えば、簡易なメニューしかないイメージがあるかもしれないが、それぞれ名物があって、街中の飲食店と比べても遜色なく、値段も良心的だ。ひとつの山域にこれだけたくさんの茶屋があるところをほかに知らない。茶屋を巡るように歩くプランも、六甲山らしくて楽しい。

旗振茶屋（旗振山）
旧・摂津と播磨の国境に位置し、明石海峡から大阪湾まで一望できる絶景が楽しめる。

おらが茶屋（高倉山）
360度の眺望が得られる立地で、3方向が見渡せるガラス張りの店内からの景色は抜群。

高取山の茶屋（高取山）
月見茶屋、安井茶屋、中の茶屋、清水茶屋が点在し、それぞれに名物メニューがある。

紅葉茶屋（布引）
予約すれば名物のすき焼きがいただける。タクシーが呼べるので宴会などに利用する人も。

おんたき茶屋（布引）
新神戸駅からわずか10分、名勝布引の滝を見下ろす老舗。ていねいに手作りされるメニューはどれも美味。

桜茶屋（市ヶ原）
しばらく閉店していたが、代替わりで再開。主要登山道の交差点なので、存続してほしい。

アールイーカフェ（再度公園）
修法ヶ原の池畔、旧ボートハウスにできたカフェ。土日のみ、コーヒーとマフィンなどを販売。

茶屋 森の四季（再度公園）
ログハウス「風楽山荘」の一角にある茶屋。おでん、カレー、おむすびなど軽食がいただける。

稲荷茶屋（大師道）
長く廃れていた茶屋が2016年に復活。中華ちまきが名物で、外席でバーベキューなども楽しめる。

Caféはなれ家（大師道）
懐石料理「鯰学舎」に隣接する、ジャズトランペット奏者片岡学氏の店。土・日・祝日のみ営業。

カフェ702（摩耶山）
摩耶ロープウェー山上駅2階にある絶景カフェ。コーヒーと手作りメニューが多彩で、バーベキューも可。

カミカ茶寮（一王山）
2020年2月に新しい屋号で復活。モーニング、ランチ等食事系も充実している。

滝の茶屋（芦屋・高座の滝下）
ロックガーデンの登山口にあり、おでんで一杯、を楽しみにここを目指して下山して来る人も。

大谷茶屋（芦屋・高座の滝）
日本の近代登山の礎、藤木九三らRCCのメンバーも通った茶屋。現在は若手店主らによる「六甲山カフェ」として営業。

一軒茶屋（最高峰直下）
江戸時代から続く六甲山で最古の茶屋。全山縦走路では最後の補給ポイントなので重要。

さくら茶屋（甲山）
神呪寺の参道、山門下にある老舗茶屋。店の前の床几でも一服できて、気候の良い時期は心地いい。

森の保全と市民ボランティア

　神戸市では、建設局に「森林整備事務所」があり、再度公園に拠点を置いて、六甲山の森の整備や登山道の保全などを担当している。同時に、「市民参加の森づくり」と題し、森の手入れを行う「神戸森の学校」、子どもたちが森で遊びを通じて学ぶ「こうべ森の小学校・森のようちえん」、再度公園にログハウスを建てた「森の匠」などの市民活動のサポートも行っている。

　また、国土交通省「六甲砂防事務所」では、六甲山系グリーンベルト整備事業に取り組んでおり、市民や企業と共に、土砂災害に強い森づくりの活動をする森林ボランティアグループ「森の世話人」を組織し、「みんなの森づくり」を進めている。

六甲山ビジターセンターとガイドハウス

　記念碑台にある兵庫県立施設。六甲山の自然や歴史、文化などを紹介する展示スペースや、図書コーナー、セミナールームを備えた本館と、記念碑台交差点に面した分館のガイドハウスがある。

　ガイドハウスでは、土・日・祝日にはボランティアの「山の案内人」が駐在し、案内や相談に応じるほか、午前と午後にそれぞれ無料で参加できる自然観察会を実施している。案内人は約50名が交代で務めており、それぞれ得意分野が異なるため、いろいろな話が聞ける。

> **自然観察会●**土・日・祝日の午前11時、午後1時半から、それぞれ1時間程度。
> 記念碑台周辺でコースを設定しており、季節や天候に合わせて案内している。予約不要。

　新型コロナウイルスの蔓延によって、これまで誰も経験したことのない「ステイホーム」の日々となった2020年春。学校は休校に、仕事はリモートワークに。家でじっとしていると、運動不足やストレスで体調を崩しかねないということで、近所でジョギングやウォーキングをする人が一気に増えました。

　河川敷や大きな公園はどこも人でいっぱい。野外とはいえ過密な感じで、私はもっぱら六甲山の山裾のマイナーエリアを歩いていました。「登山」は自粛していたので、遊歩道レベルのウラヤマ限定ですが、コースを選べば人もあまりいなくて、改めて六甲山が近くにあることのありがたさをかみしめたのでした。

　六甲山は私のホームマウンテンで、よちよち歩きを始めた1歳前から登っていた（と言うより、両親に連れていかれていた）ので、六甲登山歴は、間もなく59年になります。

　そんな私が六甲山を訪れる目的は、「山歩き」だけではありません。"下界"にいなくてはならない用がない限り、できるだけ山上にいたい派で、山上のカフェでノマドワークをしていることも少なくありません。たぶん、ふつうの人（？）に比べると、かなり"ステイ六甲山率"の高い日常だと思うのですが、飽きることはありません。

　身近にあって、アクセスしやすく、手軽に自然が楽しめる心地よい山。本書を通じて、六甲山の魅力の一端をお伝えすることができたら幸せです。

2020年　豪雨の文月に

根岸 真理

根岸 真理（ねぎし・まり）

神戸市須磨区生まれ。
登山・アウトドア活動・自然観察などの領域に力を入れているフリーライター。
兵庫県立六甲山ガイドハウス「山の案内人」、
（公財）日本スポーツ協会公認スポーツ指導者（山岳／コーチ２）、
大阪府山岳連盟 遭難対策委員、
六甲山大学やカルチャーセンターの講師も多くこなす。
著書に『六甲山ショートハイキング』『六甲山シーズンガイド』（春・夏／秋・冬）、
『六甲山ネーチャーウォーキングガイド』（共著）など。
兵庫県宝塚市在住

Special Thanks 【写真協力】

Sky High Mountain Works 北野拓也
「お気軽」観察会の皆さま
　　松本直司　大平浩子　久保紘一　中塚順子　岩崎敏明　田中博之
ほくら～ととや森の世話人倶楽部 高田誠一郎
Rapha Cycling Club Osaka 林菜穂

六甲山を歩こう！ おすすめ25コース

2020年　8月25日　第1刷発行
2024年　4月26日　第6刷発行

著　者	根岸 真理
発行者	金元 昌弘
発行所	神戸新聞総合出版センター
	〒650-0044　神戸市中央区東川崎町1-5-7
	TEL 078-362-7140　FAX 078-361-7552
	https://kobe-yomitai.jp/
デザイン	デザインスタジオ・クロップ　神原宏一
印　刷	株式会社 神戸新聞総合印刷

ISBN978-4-343-01088-9 C0076